국립민속박물관

맛깔스런
우리 음식

gogo! 체험학습

나는 박물관이 좋다 **❹** 맛깔스런 우리 음식
ⓒ즐거운학교 오명숙 2004

1판 1쇄_2004년 3월 25일 | **개정판 1쇄**_2007년 10월 31일 | **개정판 4쇄**_2011년 5월 2일

기획_즐거운학교 | **글**_오명숙 | **그림**_고웅철 | **캐릭터**_김상민 | **펴낸이**_강병선

책임편집_윤석기 최윤미 | **디자인**_정연화 이은혜 | **마케팅**_신정민 서유경 정소영 강병주 | **온라인 마케팅**_이상혁 한민아 장선아

제작_안정숙 서동관 김애진 | **제작처**_한영문화사

펴낸곳_ (주)문학동네 | **출판등록**_ 1993년 10월 22일 제406-2003-000045호

주소_413-756 경기도 파주시 교하읍 문발리 파주출판도시 513-8

전자우편_kids@munhak.com | **홈페이지**_www.munhak.com | **카페**_cafe.naver.com/kidsmunhak

대표전화_(031)955-8888 | **팩스**_(031)955-8855

문의전화_(031)955-8890(마케팅) (02)3144-3235(편집)

ISBN_978-89-546-0424-6 64000 | ISBN_978-89-546-0223-5 64000(세트)

이 도서의 국립중앙도서관 출판시도서목록(CIP)은 e-CIP홈페이지(http://www.nl.go.kr/ecip)에서 이용하실 수 있습니다.
(CIP제어번호: CIP2004000688)

국립민속박물관

맛깔스런
우리 음식

기획 즐거운학교
글 오명숙 | 그림 고웅철

go go!
체험학습
나는 박물관이 좋다 ④

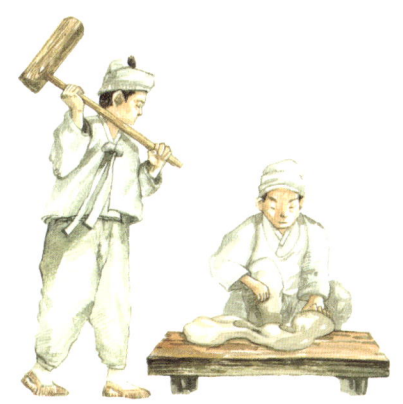

문학동네

어떤 음식 좋아하세요?

　맛있는 음식을 보면 침이 꼴깍 넘어가지요? 여러분은 어떤 음식을 좋아하세요? 요즘엔 피자, 햄버거, 케이크 같은 서양 음식을 좋아하는 어린이들이 많은 것 같아요. 그런데 우리가 흔히 먹는 서양 음식은 즉석에서 빨리 만들어 먹는 패스트 푸드가 대부분이에요. 이런 음식은 영양가도 낮고, 몸에 해로운 조미료나 기름도 많이 들어가 있어요. 칼로리가 높아서 쉽게 살이 찌기도 하고요. 음식은 맛도 있어야겠지만 몸에도 좋아야겠지요? 물론 맛도 있고 몸에도 좋은 음식이라면 더욱 좋겠지만요.

　뜨끈뜨끈한 쌀밥에 구수한 된장국, 잘 익어 맛있는 김치와 입맛 돋우는 나물 반찬은 어떠세요? 밥알이 동동 뜬 식혜나 달콤한 약과는 여러분도 좋아하는 간식거리죠? 색색으로 예쁘게 만든 쫄깃쫄깃한 떡도 좋아한다구요? 조금만 살펴보면, 여러분도 우리 음식이 얼마나 맛있고 건강에도 좋은지 알 수 있을 거예요.

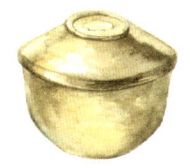

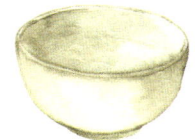

자, 이제부터 국립민속박물관 전시관을 돌아보며 우리 음식의 역사와 종류, 만드는 방법과 음식을 담는 그릇까지 하나하나 살펴보기로 해요. 이 책의 내용을 따라가며 전시물을 보면 한결 재미있는 관람이 될 거예요. 이 책에 나온 활동을 다 마치고 나면, 여러분은 우리 식생활에 대한 어떤 질문에도 척척 대답할 수 있겠지요.

　아마 공부하는 내내 군침이 돌걸요? 명심하세요! 가장 좋은 건 뭐든지 골고루 적당히 먹는 것이랍니다.

오명숙

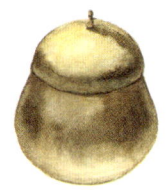

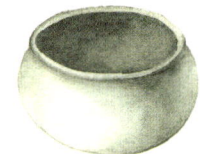

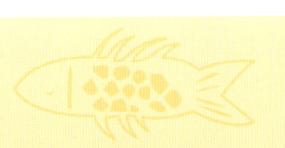

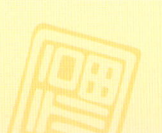

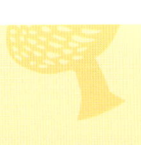

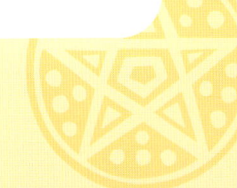

차례

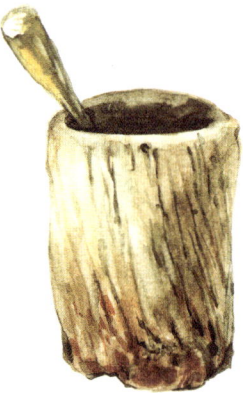

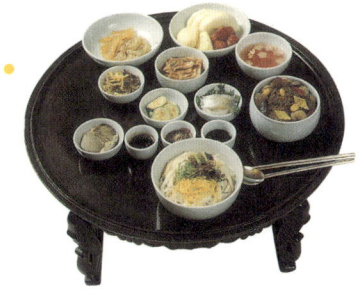

국립민속박물관 전시실 배치도

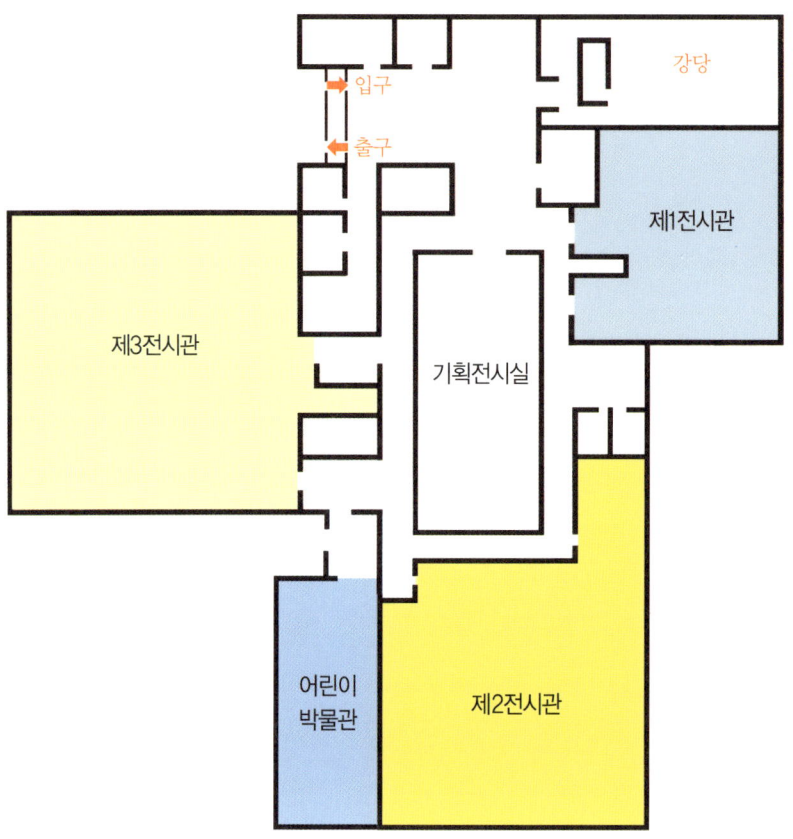

강당

입구

출구

제1전시관

제3전시관

기획전시실

어린이
박물관

제2전시관

1 밥 힘으로 산다

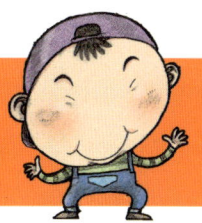

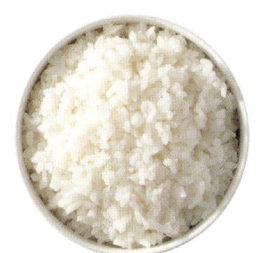

아무리 맛있는 걸 잔뜩 먹어도, 밥을 먹지 않으면 제대로 먹지 않은 것 같다, 혹은 밥 힘으로 산다는 말이 있어요. 밥을 먹어야 힘이 나고, 그래야 일도, 공부도 할 수 있다는 뜻이에요. 밥은 단순히 고픈 배를 채우는 음식이 아니라, 우리가 하루하루를 힘차게 살아갈 수 있게 하는 에너지인 셈이지요. 오래 전부터 주식이 되어 온 밥은 우리 민족에게 없어서는 안 될 소중한 먹거리예요.

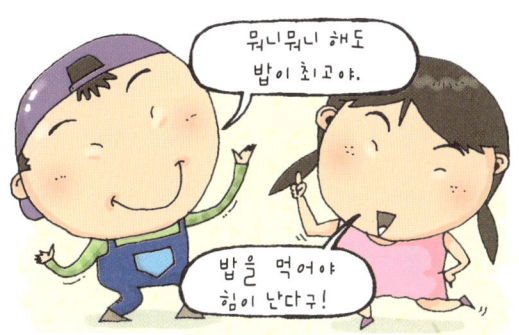

쌀밥은 언제부터 먹었을까?

◉ 제1전시관에서 보세요.

쌀은 벼의 열매이니까, 벼농사를 짓기 시작하면서부터 쌀밥을 먹었겠지요. 그렇다면 언제부터 벼농사를 지었을까요? 벼농사를 지은 흔적을 함께 찾아봐요.

먼저 '선사 시대의 생활상' 전시물에서 반달 돌칼을 찾아보세요. 반달 돌칼은 청동기 시대의 유물로, 곡식의 낟알을 거두어들일 때 쓰는 농기구예요 (제2전시관 '고대의 농경과 농기구' 전시물의 그림을 보면 어떻게 사용했는지 알 수 있어요.). 이번엔 맞은편 '청동기 시대의 생활문화' 전시물을 볼까요? 바지를 걷고 논에 들어가 일하고 있는 사람들 모습이 보이죠?

이와 같은 사실로 미루어 보아, 이미 선사 시대부터 벼농사를 지었다는 걸 알 수 있어요.

 ◆ 제1전시관 '고구려의 생활풍속' 전시물을 보세요.
고구려 사람들이 벼농사를 지은 흔적은 무엇일까요?

떡은 언제부터 만들었을까?

하늘에 제사를 지내면서부터 쌀로 떡을 만들었어요. 그러니까 떡은 제사에 바치기 위한 음식이었지요. 특히 어촌에서는 고기잡이 배가 풍랑을 만나지 않고 고기를 많이 잡을 수 있도록 해 달라고 비는 의식이 자주 있었어요.

 ◆ 제1전시관 '부안 죽막동 제사 유적' 전시물을 보세요.
백제 시대의 제사상을 자세히 살펴보세요. 제사상에 어떤 떡을 올렸나요?

❶ 시루떡　　　　❷ 경단　　　　❸ 인절미

1. 밥을 짓는 다섯 곡식

◐ 제2전시관 '오곡종자' 전시물을 보세요.

쌀

쌀은 껍질을 얼마나 벗겼냐에 따라 이름이 달라요. 벼의 겉껍질만 벗긴 쌀은 현미라고 하고, 현미에서 씨눈과 속겨를 완전히 제거한 쌀은 백미라고 해요. 속껍질을 깎아 낸 정도에 따라 5분도, 7분도, 9분도, 13분도 등으로 나누어 부르지요. 많이 깎아 낼수록 부드러워 먹기에는 좋지만 영양분이 많은 씨눈은 얼마 남지 않게 돼요. 요즘에는 건강을 위해서 백미와 현미를 적절히 섞어 먹는 집이 많아요.

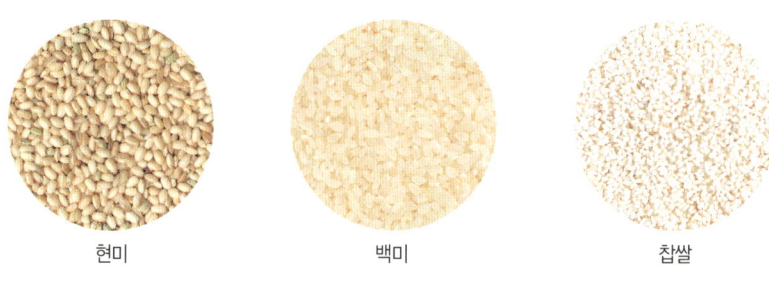

현미   백미   찹쌀

벼는 논에서 키우는 멥벼와 밭에서 키우는 찰벼가 있어요. 우리가 끼니마다 먹는 쌀밥은 멥벼에서 나는 멥쌀로 만든 것이에요. 현미나 백미도 멥쌀이지요. 찰벼에서 나는 찹쌀로는 경단이나 부꾸미, 찰떡, 약밥 등을 해 먹어요.

보리

보리는 밭에서 자라요. 가을에 씨앗을 뿌리면 추운 겨울에 싹을 틔우지요. 겨울과 봄을 지내고 초여름에 수확을 해요. 옛날에는 벼농사를 많이 짓지 않아, 가을에 벼를 수확하기 전까지 쌀밥은 못 먹고 보리밥만 먹었어요. 보리밥

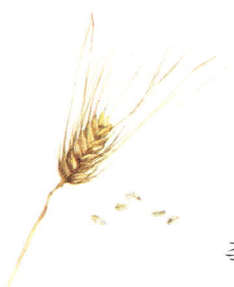

조차 못 먹는 사람들도 많았어요. '보릿고개' 라는 말을 들어 본 적 있나요? 보릿고개는, 묵은 곡식이 거의 떨어지고 햇보리가 아직 여물지 않아 먹을 것이 가장 부족했던 4월을 가리키는 말이에요.

콩

콩깍지에 옹기종기 들어 있는 콩알 친구들을 본 적 있나요? 가지런히 붙어 있는 모습이 참 예쁘지요. 콩은 대부분 동글동글하게 생겼지만, 강낭콩이나 땅콩처럼 길쭉하게 생긴 것도 있어요.

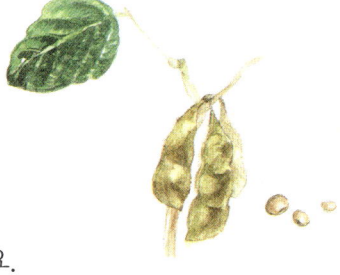

완두콩 · 흰 콩 · 검정 콩 등은 땅 위에 가지를 뻗어 열매를 맺고, 땅콩은 땅 속 줄기에 열매를 맺어요. 콩은 쌀 다음으로 많이 먹는 곡식이에요. 두부나 된장, 간장도 모두 콩으로 만들지요.

조

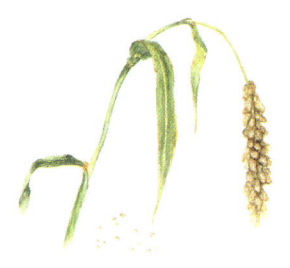

속이 좁고 아량이 넓지 못한 사람을 두고 좁쌀 같다고 하지요? 좁쌀은 정말 모래알처럼 작거든요. 요즘엔 좁쌀을 많이 먹지 않아요. 가끔 밥에 섞어 먹는 정도이지요. 하지만 옛날에는 쌀보다 많이 먹었어요.

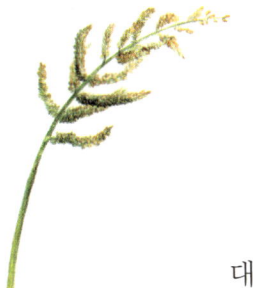

피

지금은 논에 난 잡초로 여기고 뽑아 내지만, 옛날에는 피가 중요한 곡식 중 하나였어요. 피는 사람들이 정성들여 재배하지 않아도 잘 자라는 식물로, 농사를 짓기 전부터 많이 먹었어요. 그 흔적들이 선사 시대 유물에 남아 있지요.

쌀이 부족할때 밥 대신 먹었던 것

옛날부터 우리의 주식은 밥이었어요. 하지만 흉년이 들면 먹을 것이 부족했지요. 그럴 때는 도토리, 칡뿌리, 솔잎, 소나무나 느티나무 속껍질 등을 먹었어요. 고구마와 감자도 쌀 대신 많이 먹었던 대표적인 '구황작물'이에요. 고구마는 남쪽에서, 감자는 북쪽에서 우리 나라로 전해졌어요. 요즘에는 감자와 고구마를 간식이나 별미로 많이 먹지요.

2. 어떻게 먹을까?

젓가락과 숟가락

우리 나라는 젓가락과 숟가락을 모두 사용해서 음식을 먹어요. 젓가락은 반찬을 먹을 때, 숟가락은 밥과 국을 먹을 때 써요. 우리 음식에는 숟가락으로 먹는 음식과 젓가락으로 먹는 음식이 골고루 있지요. 중국과 일본에서는 숟가락보다 젓가락을 더 많이 사용해요. 중국과 일본의 국은 건더기가 적어

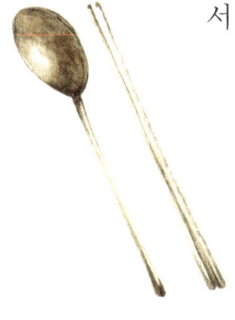

서 후루룩 마시면 되거든요.

젓가락과 숟가락은 우리 음식 문화에서 빠져서는 안 되는 도구예요. 출토된 유물을 보면, 삼국 시대부터 젓가락과 숟가락을 썼다는 것을 알 수 있어요. 그러니까 삼국 시대부터 밥과 국물이 있는 음식을 먹은 것이지요. 젓가락과 숟가락의 재료나 크기, 모양은 시대에 따라 달라요.

밥상에도 이름이 있다

상에 무엇을 놓느냐에 따라 상 이름이 달라져요. 우리가 흔히 먹는 밥과 반찬을 차린 상을 반상이라고 해요. 죽이 오르면 죽상, 장국이 오르면 장국상이라고 하지요.

상을 받는 사람에 따라서도 상 이름이 달라요. 궁중에서 왕이 받는 상은 수라상, 양반들의 상은 진지상, 서민들의 상은 밥상이라고 불렀어요.

그리고 한 사람에 한 상씩 차린 상을 독상 또는 외상이라고 하고, 둘이 먹도록 차린 상을 겸상이라 해요. 독상은 일제 강점기부터 차츰 사라졌고, 둥근 두레반에 식구들이 함께 둘러앉아 먹게 되었어요.

음식에 맞는 그릇이 따로 있어요

◐ 제2전시관 '상차림' 전시물을 보세요.

밥과 국, 반찬을 담는 그릇을 반상기라고 하지요. 밥과 국, 반찬은 모두 뚜껑이 있는 그릇에 담아요. 여름철에는 사기그릇을, 겨울철에는 놋그릇을 썼어요. 남녀가 쓰는 그릇도 서로 달랐어요. 남자의 밥그릇인 주발은 몸체가 곧고 뚜껑에 복(福), 수(壽) 등의 글자가 써 있기도 해요. 여자의 밥그릇인 바리는 배가 불룩해요. 또 탕은 탕기에, 찌개(조치)는 조칫보에, 국이나 숭늉은 대접에 담아요.

그림을 보고 그릇의 이름을 찾아 짝지어 주세요.

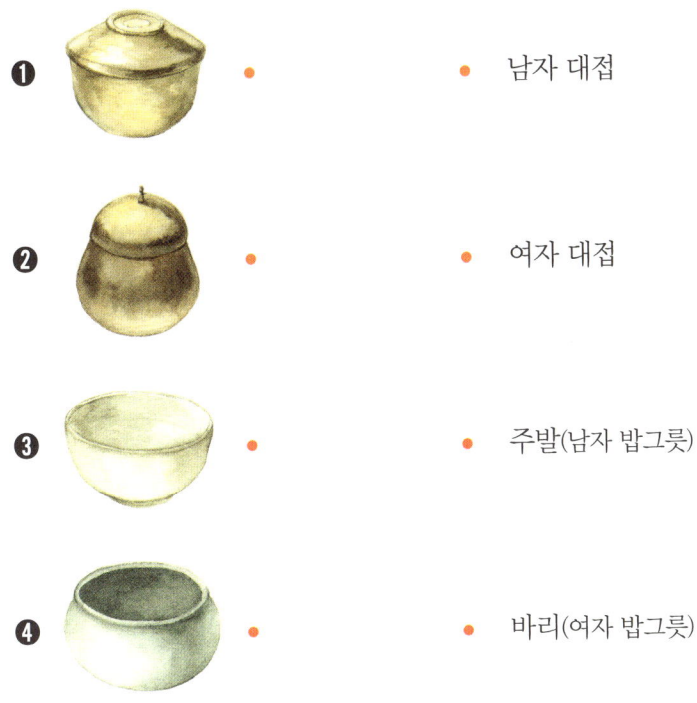

❶ · · 남자 대접

❷ · · 여자 대접

❸ · · 주발(남자 밥그릇)

❹ · · 바리(여자 밥그릇)

쟁첩 반찬을 담는 그릇으로, 오목하며 뚜껑이 있어요.

보시기 쟁첩보다 크고 속이 깊으며, 아가리보다 배가 약간 더 부르고 굽이 달린 그릇이에요. 김치나 찌개, 국물이 많은 음식을 담아요.

합 음식을 담는 놋그릇의 하나로, 뚜껑이 있어요. 떡국, 밥, 약식, 찜 등을 담으며, 음식을 따뜻한 상태로 유지시켜 줘요.

종지 간장이나 초간장 등 장류를 담는 그릇이에요. '종재기' 라고도 해요.

정답 ❶ 주발 ❷ 바리 ❸ 남자 대접 ❹ 여자 대접

접시 음식을 담거나 음식이 담긴 그릇을 받치는 그릇이에요.

신선로 속에 숯불을 피워 탕을 끓여 먹는 그릇이에요.

뚝배기 추운 겨울에 음식을 따뜻하게 먹을 수 있는 그릇이에요.

○ 제2전시관 '상차림' 전시물을 보세요.

김치와 간장은 어떤 그릇에 담아야 할까요? 알맞은 것끼리 줄로 이으세요.

❶ 김치 •

• 종지

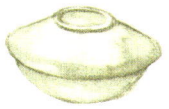

❷ 간장 •

• 보시기

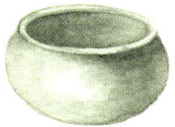

3. 무엇을 먹을까?

맛있는 반찬

반찬의 가짓수에 따라 밥상을 3첩 · 5첩 · 7첩 · 9첩 반상이라고 부르기도 해요. 밥, 국, 찌개, 찜, 김치, 장류는 첩수에 들지 않아요.

정답 ❶ 보시기 ❷ 종지

1. 다음 중 반찬의 가짓수에 들지 않는 것은 무엇일까요?

❶ 쇠고기 장조림   ❷ 열무 김치

❸ 불고기   ❹ 북어 조림

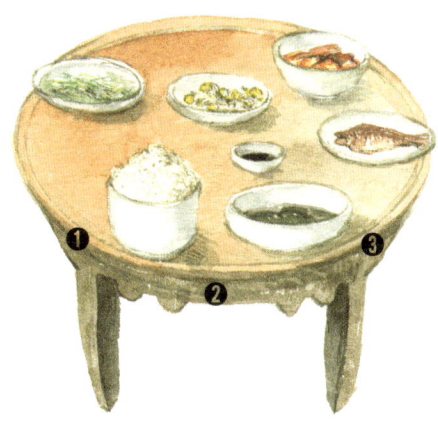

2. 왼쪽 그림은 몇 첩 반상일까요?

❶ 3첩 반상

❷ 5첩 반상

❸ 7첩 반상

3. 수저는 어디에 놓아야 할까요?

4. 여러분이 좋아하는 음식으로 5첩 반상을 차려 보세요.

여러 가지 국

우리 전통 상차림에서 국은 빠질 수 없는 음식이에요. 상을 차릴 때 밥은 밥상을 받는 사람의 왼쪽에 국은 오른쪽에 놓지요.

된장국은 된장과 야채, 해산물 등을 넣고 끓여요. 일본이나 중국에도 된장국이 있지만, 우리 된장국처럼 건더기가 많지 않아요.

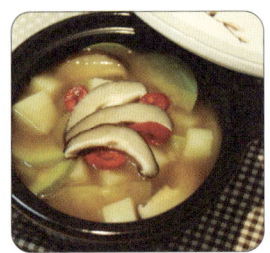

된장국 ⓒ김지현

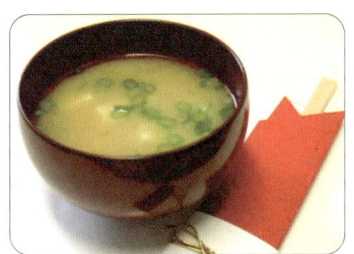

일본 된장국

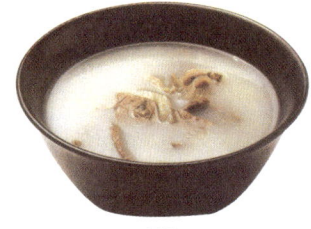

곰국

곰국은 고기의 뼈나 살을 오랫동안 고아 삶은 국을 말해요. 설렁탕도 곰국의 하나이지요. 이런 조리법은 몽고에서 건너왔어요.

미역국은 아기를 낳은 엄마들이 꼭 먹어야 하는 음식이에요. 미역이 몸의 피를 맑게 해 주기 때문이지요. 그래서 생일에 미역국을 먹는 풍습이 생겨났어요.

국수와 냉면

국수는 밀가루를 실처럼 길게 뽑아서 삶아 먹는 음식이에요. 여름철에는 시원하게, 겨울철에는 따뜻하게 국수를 말아 먹지요. 시원한 국수로는 동치미 국물에 말아 먹는 동치미 국수와 콩 국물에 말아 먹는 콩국수가 있어요. 고기 장국이나 멸치 장국에 따뜻하게 말아 먹는 국수도 있구요. 또, 메밀 가루로 만든 면을 써서 만드는 냉면으로 물냉면 · 비빔냉면 · 회냉면이 있어요.

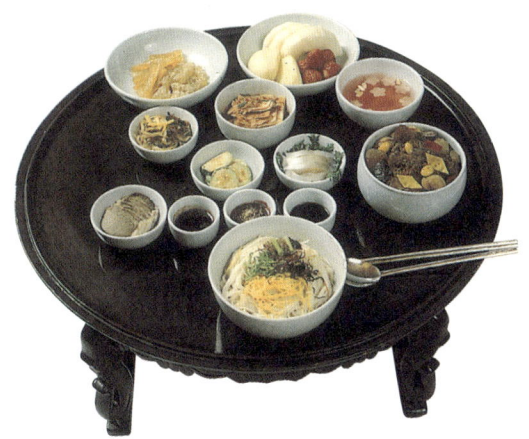

장국상 ©궁중음식연구원

 장수를 빌기 위해서 특별히 국수를 먹는 날이 있어요. 언제일까요?

❶ 과거에 급제했을 때 　❷ 10살 된 생일에 　❸ 첫 생일에

❷ 정답

go go! 2

빵보다 맛있는 우리 떡

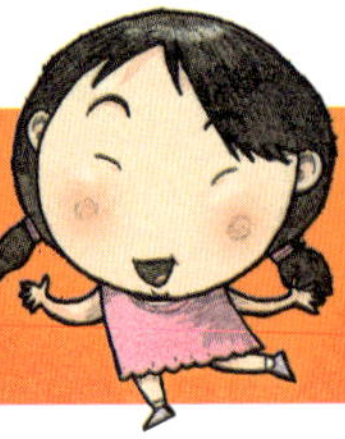

1. 우리 고장을 대표하는 떡은?

제2전시관 '떡 종류와 분포도' 전시물을 보세요.

우리 나라는 각 지역마다 기후와 풍토가 달라서 생산되는 농산물도 조금씩 달라요. 그래서 만들어 먹는 떡도 서로 다르지요.

강원도에는 감자와 옥수수로 만드는 떡이 많아요. 감자시루떡, 감자떡, 감자녹말송편, 옥수수설기, 옥수수보리개떡 등이 있지요. 제주도에서는 고구마, 메밀, 조, 보리 등으로 떡을 만들어요. 쌀이 무척 귀했던 제주도에서는 제사 때만 쌀로 떡을 만들었어요. 또, 평야가 넓어 쌀농사를 많이 지을 수 있었던 곳에서는 맛있고 화려한 떡을 많이 만들었지요.

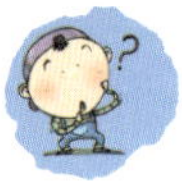

1. 옛부터 양반의 고장이라 했던 곳이에요. 떡도 양반의 떡과 서민의 떡이 구분되었어요. 어디일까요?

❶ 서울, 경기도 ❷ 충청도 ❸ 함경도

2. 떡의 종류가 가장 많은 곳이에요. 모양을 내고 멋을 부린 아주 화려한 떡들이 많지요. 어디일까요?

❶ 서울, 경기도 ❷ 충청도 ❸ 제주도

정답 1.❷ 2.❶

2. 떡을 만드는 네 가지 방법

떡을 만들려면, 우선 곡식을 물에 불린 다음 빻아 가루를 내요. 그 가루를 시루에 안쳐 찌거나, 찐 떡을 다시 절구에 넣고 치기도 해요. 또는 반죽을 해서 물에 삶거나 기름에 지지기도 하지요.

찌는 떡

시루떡이라고도 해요. 시루에 쌀가루를 안친 다음 김을 올려 익히지요. 이때 김이 다른 곳으로 달아나지 않도록, 김이 오르는 솥과 시루 사이에 밀가루나 쌀가루를 이겨 만든 본을 대요. 시루에 쌀가루를 안치는 방법에 따라 설기떡(무리떡)과 켜떡으로 나눠요. 설기떡은 쌀가루 한 가지만을 시루에 안치지만, 켜떡은 쌀가루에 고물이 되는 팥이나 콩가루를 켜켜이 쌓아 층을 이루도록 안치지요. 백설기가 대표적인 설기떡이고, 팥시루떡이나 물호박떡이 켜떡이에요.

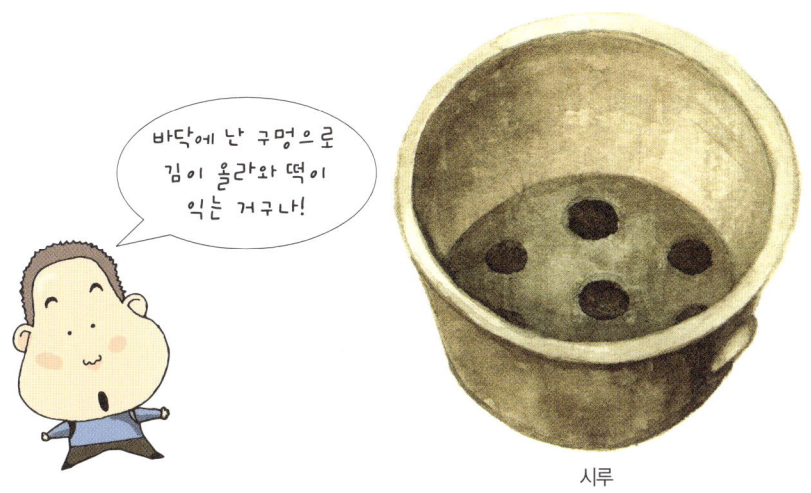

바닥에 난 구멍으로 김이 올라와 떡이 익는 거구나!

시루

치는 떡

치는 떡은 곡식이나 가루를 시루에 찐 다음, 절구나 안반에 놓고 친 떡이에
요. 흰떡, 수리취떡, 인절미 등이 있어요.

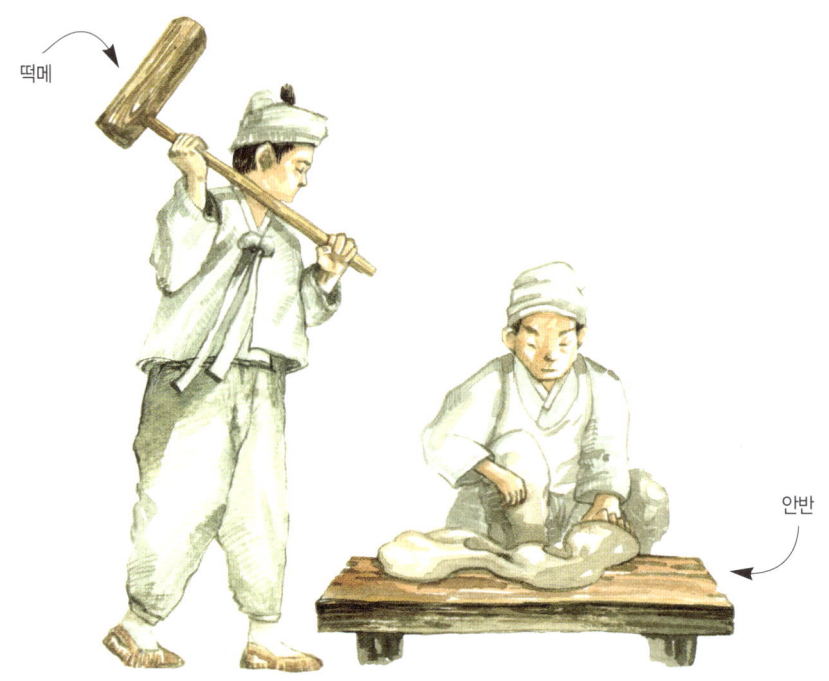

떡메

안반

삶는 떡

찹쌀가루를 반죽하여 동그랗게 빚은 다음,
끓는 물에 삶은 뒤 건져 내 고물을 묻힌 떡이
에요. 삶는 떡에는 경단과 단자가 있어요.

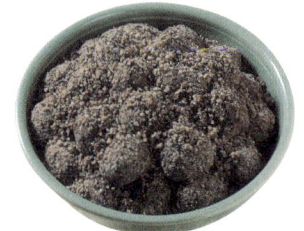

수수팥경단 ©궁중음식연구원

지지는 떡

찹쌀가루를 반죽하여 납작한 모양으로 빚은 다음 기름에 지져 낸 떡이에요. 화전, 주악, 부꾸미가 있어요.

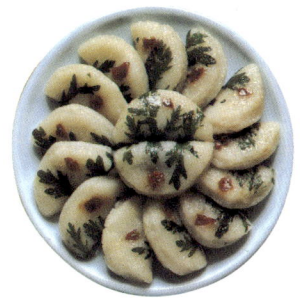

부꾸미

 추석에 먹는 송편을 모르는 사람은 없겠죠?
송편은 찹쌀 반죽을 반달 모양으로 빚어 익힌 떡이에요. 어떤 방법으로 만든 떡에 속할까요?

❶ 찌는 떡　　❷ 치는 떡　　❸ 삶는 떡　　❹ 지지는 떡

3. 떡의 무늬
◐ 제2전시관 '떡' 전시물을 보세요.

떡에 무늬를 찍는 도구는 떡살이에요. 떡살에는 여러 가지 무늬가 있는데, 무늬마다 담긴 뜻이 달라요. 집안마다 꽃과 곤충, 원, 숫자 등 고유한 무늬를 만들어 떡에 새기기도 하는데, 거기에는 가문의 전통을 잇고 빛내려는 뜻이 담겨 있어요.

❶ 답정

나비 무늬

나비는 봄을 알리는 곤충이에요. 삼월 삼
진날(음력 3월 3일)에 가장 먼저 본 나비가
호랑나비나 노랑나비면 소원이 이뤄진다고
하지요. 또, 나비는 기쁨을 상징하기도 하고
남성을 상징하기도 해요.

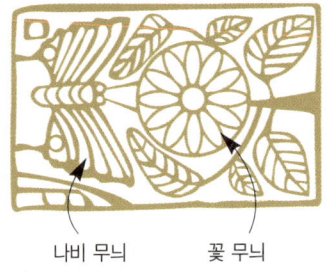

나비 무늬   꽃 무늬

꽃 무늬

꽃 무늬에는 국화꽃 · 연꽃 · 배꽃 · 매화 · 모란 등이 있어요. 가을에 서리
가 내려도 꽃을 피우는 국화꽃 무늬에는 어려움을 이겨 내고 뜻을 이루라는
마음이 담겨 있어요. 또, 더러움 속에서도 아름다운 꽃을 피우는 연꽃 무늬에
는 마음을 늘 깨끗하게 갈고 닦아 훌륭한 사람이 되라는 뜻이 담겨 있어요.

새 무늬

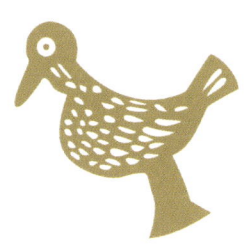

옛날 사람들은 새를 곡식의 신 또는 어머니라
고 생각했어요. 농사가 잘 되어 풍요로움을 누리
기를 바랐던 사람들은 새를 생명과 탄생, 풍요로
움의 상징으로 여겼지요. 새 무늬 중에서도 학
무늬에는 장수를 바라는 뜻이 담겨 있고, 박쥐
무늬에는 행복을 바라는 마음이 담겨 있어요. 특
히 다섯 마리의 박쥐는 다섯 가지 복을 뜻하지요.

물고기 무늬

물고기는 우리 나라뿐 아니라 세계 모든 민족에게서 발견되는 문양이에요. 물고기는 부귀를 뜻하며, 물고기의 알은 많은 자손을 뜻해요. 또, 물고기는 항상 눈을 뜨고 있다는 점에서 부지런함을 뜻하기도 하지요.

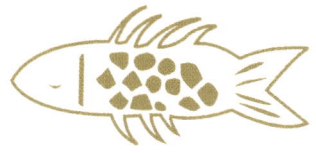

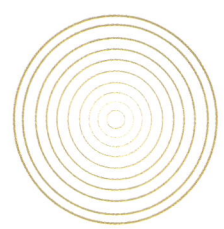

원 무늬

원 무늬에는 처음과 끝이 없어 영원한 삶, 즉 장수를 바라는 마음이 담겨 있어요. 원과 마찬가지로 처음과 끝이 없는 태극 무늬에도 같은 뜻이 담겨 있어요.

별 무늬

영원히 사라지지 않는 우주 공간인 하늘에 떠 있는 별은 영원함을 뜻해요. 원이나 태극 무늬처럼 별 무늬에도 오래 살기를 바라는 마음이 담겨 있어요.

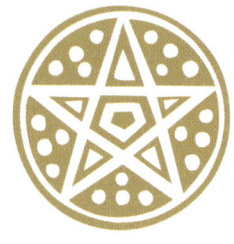

글자 무늬

무늬로 새기는 글자로는 복을 들이는 '복(福)' 자, 기쁨을 뜻하는 '희(喜)' 자, 오래 살기를 바라는 '수(壽)' 자, 부자가 되기를 바라는 '부귀(富貴)', 건강과 평안을 바라는 '강녕(康寧)' 등이 있지요. 글자 무늬는 다른 무늬들보다 그 뜻이 더욱 강하게 담겨 있어요. 바라는 마음을 직접 글자로 새겼으니까요.

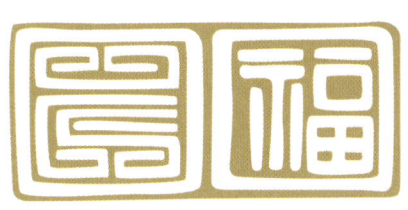

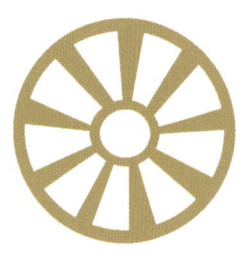

수레바퀴 무늬

단오에 먹는 수리취떡에 찍는 수레바퀴 무늬는 수레바퀴의 살 모양을 본뜬 무늬예요. 수레바퀴가 굴러가듯 모든 일이 잘 풀리기를 바라는 마음과 함께, 나쁜 귀신들이 들어오지 못하도록 막으려는 뜻을 담았어요.

떡살과 떡손

떡살로 무늬를 찍는 떡은 절편이에요. 절편은 주로 큰 행사가 있을 때 만들어요. 떡살은 둥근 것과 긴 것 두 가지가 있어요. 둥근 떡살은 떡을 하나하나 둥글게 만들어 무늬를 찍어요. 긴 떡살에는 여러가지 무늬가 새겨져 있는데, 떡반죽을 길게 만들어 무늬를 찍은 다음 잘라 먹지요.

떡손도 떡살과 마찬가지로 떡을 눌러 찍어 무늬를 내는 틀이지요. 무늬틀 양쪽에 손잡이가 달려 있어서 떡손이라고 불러요.

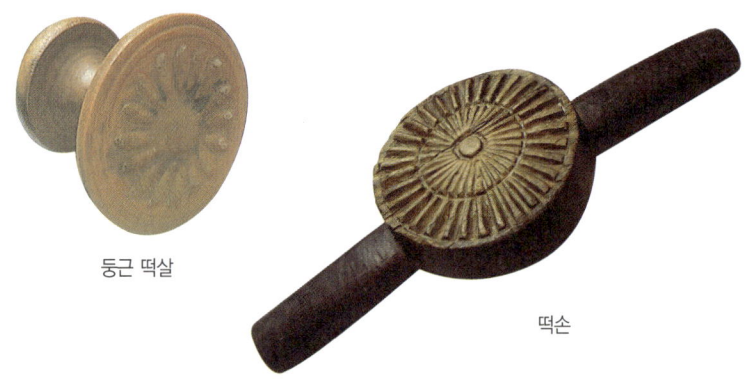

둥근 떡살

떡손

©궁중음식연구원

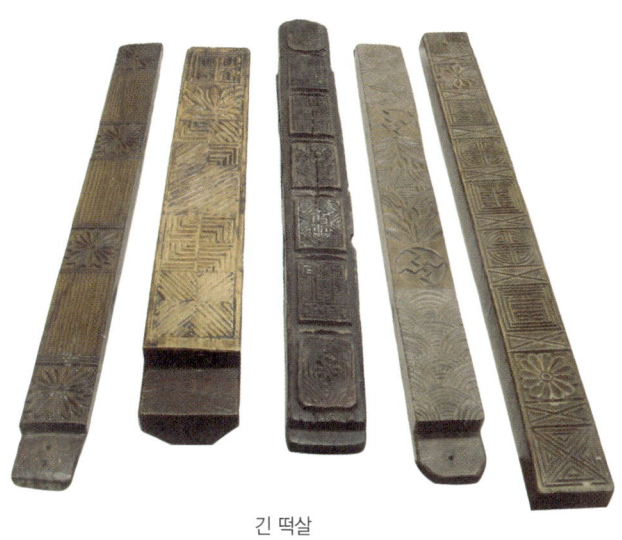

긴 떡살

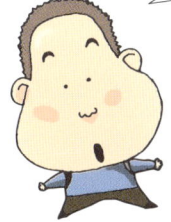

와, 온갖 무늬가 다 있네!
한꺼번에 여러 가지 무늬의 떡을
만들 수 있겠어요.

그래서 큰 잔치가 있을 때는
긴 떡살로 찍은 절편을 만들어
여럿이 함께 먹었단다.

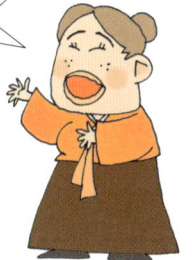

4. 약과와 다식의 무늬

화려한 약과틀

약과는 우리 나라 전통 과자예요. 약과에도 무늬를 찍었는데 약과틀은 떡
살보다 홈이 깊어 모양도 내고 무늬도 찍을 수 있지요. 약과틀의 무늬는 떡살
의 무늬보다 복잡하고 화려해요. 그 중 석류 무늬에는 석류 안의 빨간 씨앗처
럼 자손을 많이 낳고 번창하라는 뜻이 담겨 있어요. 또, 불로초 · 복숭아 · 신
선초 무늬에는 병 없이 오래 살기를 바라는 마음이 깃들여 있어요.

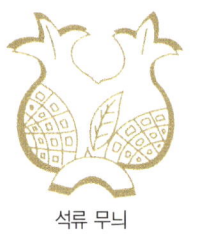

석류 무늬

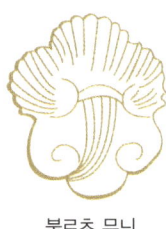

불로초 무늬

작고 깜찍한 다식틀

다식은 차와 함께 간단히 먹을 수 있는 간식이에요. 쌀가루나 콩가루, 송홧
가루, 깻가루 등을 꿀에 반죽해 다식틀에 눌러 찍어 만들지요. 도톰한 동전
크기에 갖가지 무늬가 새겨진 다식을 보면 작은 간식 하나에도 얼마나 많은
정성이 들어가는지 알 수 있어요.

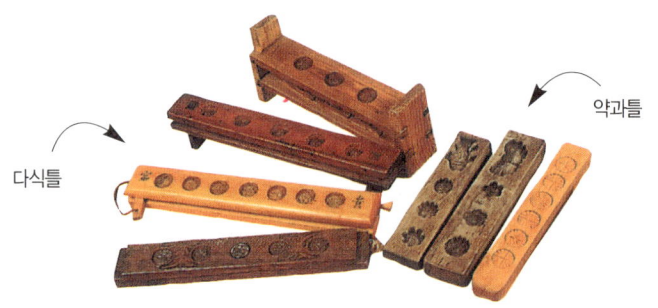

다식틀

약과틀

지금까지 여러 가지 떡살과 약과틀, 다식틀에 새겨진 무늬들을 살펴보았어요. 여러분이 떡이나 과자를 만든다면 어떤 무늬를 넣고 싶나요? 직접 무늬를 그려 넣어 보고, 그 무늬에 담긴 소망을 적어 보세요.

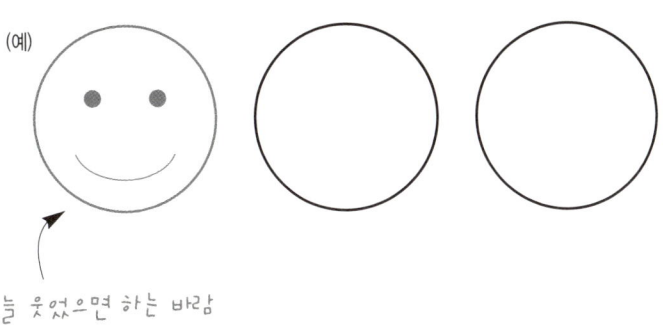

(예)

늘 웃었으면 하는 바람

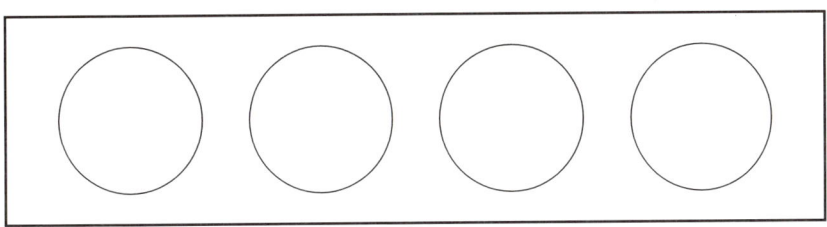

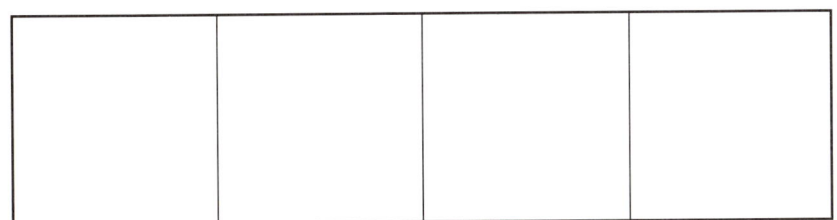

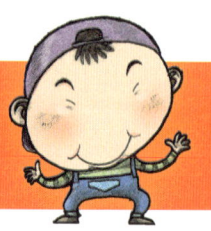

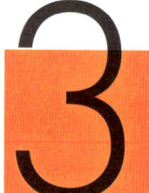3 철 따라 맛 따라

go go!

🟢 제2전시관 '세시음식' 전시물을 보세요.

설날에는 떡국을 먹고 추석에는 송편을 먹지요? 떡국을 못 먹으면 나이를 한 살 더 먹지 않은 것 같고, 송편을 못 먹으면 한가위라는 기분이 들지 않아요. 그런데, 떡국이나 송편 말고도 일 년 열두 달을 보내면서 달마다 먹기로 정해 놓은 특별한 음식들이 있어요. 이런 음식에는 여러 가지 소원이 담겨 있어요.

설날 (음력 1월 1일)

설에는 새해를 맞이하며 떡국을 먹어요. 멥쌀을 쪄서 길게 뽑은 가래떡을 둥글게 썬 다음 고깃국에 넣고 끓인 것이 떡국이에요. 긴 가래떡은 재산이 늘어나라는 뜻에서 만들어 먹었고, 엽전처럼 둥글게 썬 떡 역시 부자가 되기를 바라는 마음을 담고 있어요. 또, 가래떡의 흰색은 새로운 해를 맞이하는 깨끗하고 경건한 마음가짐을 표현한 것이지요.

한 해의 절기나 명절마다 만들어 먹는 음식을 세시 음식이라고 하는 거야.

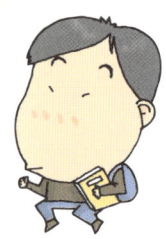

정월대보름 (음력 1월 15일)

정월대보름에는 오곡밥, 부럼, 귀밝이술, 약밥, 나물을 먹어요. 모두 일 년 동안의 건강과 복을 기원하는 뜻이 담겨 있어요.

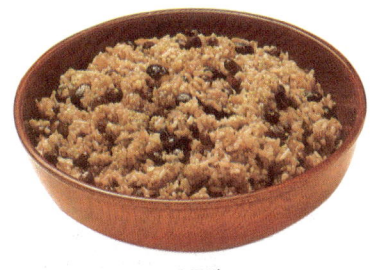

오곡밥

오곡밥은 찹쌀·기장·찰수수·검정콩·팥으로 지은 밥을 말해요. 백 집을 돌아다니면서 밥을 얻어 먹으면 복이 들어온다고 믿었기 때문에, 이 날 아이들은 동네 여러 집을 돌아다니며 밥을 얻어 먹었어요. 서로 정을 나누려는 마음이 담겨 있는 풍습이지요.

부럼은 단단한 껍질을 가진 견과류로, 대보름날 이른 아침 자기 나이만큼 깨물어요. 부럼을 깨물며 일 년 열두 달 종기나 부스럼이 나지 않고 건강하게 해 달라고 빌었지요.

귀밝이술은 아침밥을 먹기 전에 식구들 모두 한 잔씩 마시는 찬 술이에요. 그러면 일 년 동안 좋은 소식만 듣는다고 믿었어요.

약밥(약식)은 한 번 쪄 낸 찹쌀밥에 대추·밤·참기름·잣·꿀을 넣고 진간장으로 색을 내어 다시 찐 밥이에요.

또 이 날은 말려 두었던 아홉 가지 묵은 나물을 삶아 무쳐 먹으며, 그 해 여름 내내 건강하기를 바랐어요.

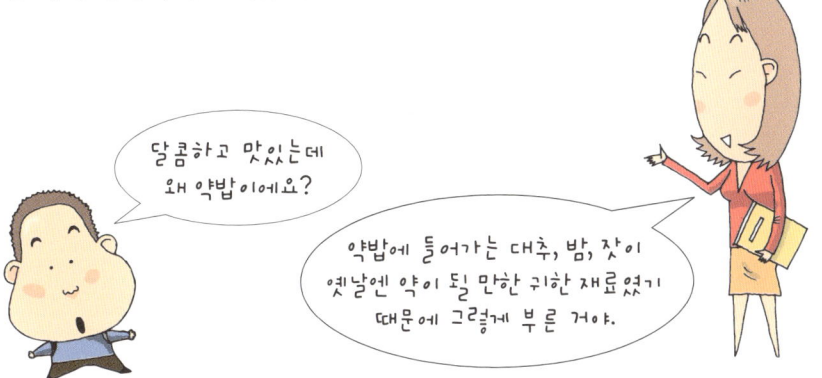

달콤하고 맛있는데 왜 약밥이에요?

약밥에 들어가는 대추, 밤, 잣이 옛날엔 약이 될 만한 귀한 재료였기 때문에 그렇게 부른 거야.

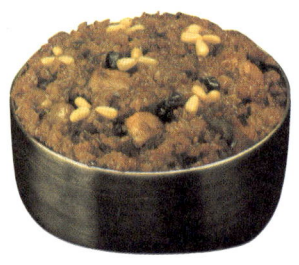

『삼국유사』에 전해지는 약밥 이야기

신라 소지왕이 어느 날 궐 밖으로 행차했을 때의 일이에요. 까마귀와 쥐가 왕을 찾아오더니, 쥐가 까마귀를 따라가 보라고 하는 거예요. 하지만 까마귀를 따라가던 왕은 돼지가 싸움하는 걸 보느라 까마귀를 놓치고 말았어요.

까마귀를 찾아 헤매고 있을 때, 한 연못에서 신선이 나와 봉투를 건네 주었어요. 봉투에는 "이 봉투를 뜯으면 두 사람이 죽고, 뜯지 않으면 한 사람이 죽는다."라고 씌어 있었어요. 소지왕은 한 사람이 죽는 것이 낫다고 생각하고 뜯지 않으려 했지요. 하지만 한 신하가 말하기를, "한 사람은 왕을 가리키는 것이고, 두 사람은 백성을 가리킨다."는 거예요. 하는 수 없이 왕은 봉투를 뜯어 보았어요. 그 안에는 "거문고 집을 쏘아라."라고 적혀 있었어요.

대궐로 돌아온 소지왕은 곧장 거문고를 넣어 두는 집을 찾아 활로 쏘았어요. 그러자, 그 안에서 몰래 사랑을 나누던 스님과 궁녀가 피를 흘리며 쓰러졌어요. 두 사람은 왕을 죽이려고 모의하고 있었던 거예요. 까마귀가 왕을 구한 셈이지요.

그 뒤부터 신라에서는 까마귀에게 감사의 마음을 전하려고 제사를 지냈어요. 이 때 제사상에 올린 것이 바로, 까마귀처럼 검은 밥에 까마귀가 좋아하는 대추 등을 넣은 약밥이에요.

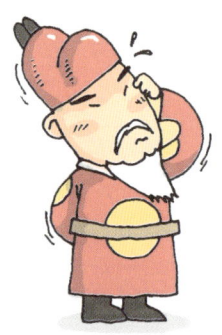

고얀 것들!
까마귀가 아니었으면
깜박 속을 뻔했구나!

중화절 (음력 2월 1일)

중화절에는 왕이 신하들에게 농사를 잘 지으라는 뜻으로 '중화척' 이라는 자를 나누어 주었어요. 본격적인 농사가 시작되는 시기이므로 각 집에서도 머슴과 노비들을 잘 대접해야 했지요. 그래서 이 날은 송편을 해 먹었어요. 이 날 노비들은 자기 나이 수대로 송편을 먹었지요. 추석에만 송편을 먹었던 게 아니랍니다.

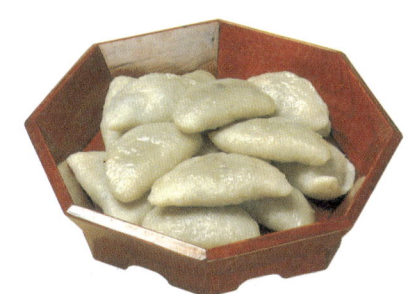

노비 송편 ©궁중음식연구원

또, 중화절에 콩을 볶아 먹으면 곡식을 축내는 새와 쥐가 없어진다고 믿었어요. 콩은 단백질을 보충해 주는 음식으로, '콩볶이' 는 겨울 내내 부족했던 영양소를 섭취하기 위한 풍습이었지요.

삼짇날 (음력 3월 3일)

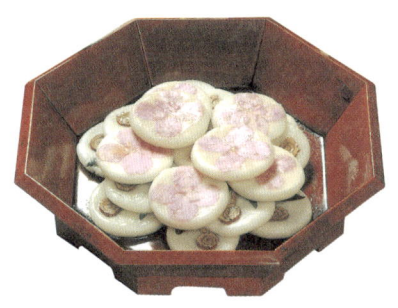

진달래 화전

이 시기에 가장 많이 피는 진달래는 먹을 수 있는 꽃이에요. 찹쌀가루를 반죽한 다음 꽃을 붙여서 기름에 지진 떡이 바로 화전이지요. 화전은 나들이 가서 먹는 별식이었어요. 집안에 나쁜 일이 생기는 것을 미리 막고 소원이 이루어지기를 빌며 화전을 해 먹었답니다.

부처님 오신 날 (음력 4월 8일)

석가모니가 태어난 4월 초파일에는 느티나무가 싹을 틔워요. 이 날은 석가모니가 태어난 것을 축하하며 느티떡을 만들어 먹지요. 느티떡은 막 싹을 티

운 연한 느티나무 잎을 쌀가루와 함께 안쳐 만들어요.

단오 (음력 5월 5일)

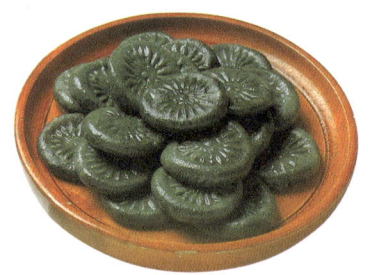

수리취떡 ©궁중음식연구원

옛날에는 단오가 큰 명절이었어요. 여름이 시작되는 때인 만큼 나쁜 귀신을 물리치고 건강한 여름을 맞으려는 마음으로 떡을 만들어 먹었어요. 쑥을 넣은 반죽에 수레바퀴 무늬를 찍어 내는 수리취떡과, 취나물을 넣은 반죽에 수레바퀴 무늬를 찍어 내는 수리취절편을 먹어요. 쑥떡을 먹는 것은 무더위에 잃었던 입맛을 돋우기 위해서지요.

유두 (음력 6월 15일)

유두에는 여름철 무더위를 이기기 위해 유두면이라는 국수를 만들어 먹어요. 또, 수단과 건단을 먹기도 하지요. 수단은 쌀가루 반죽으로 새알을 빚어 삶은 다음 시원한 꿀물에 띄워 먹는 음식이고, 건단은 삶은 새알에 꿀을 발라 먹는 음식이에요. 논의 물꼬에 수단과 과일을 바치고 물을 관장하는 용신께 풍년을 빌기도 했어요.

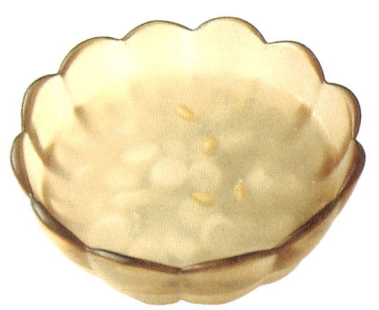

수단 ©궁중음식연구원

칠석 (음력 7월 7일)

칠석은 일 년 동안 헤어져 있던 견우와 직녀가 오작교에서 만나는 날이에요. 이 날은 밀전병과 찰떡을 만들어 먹지요. 밀전병은 밀가루를 반죽해서 얇

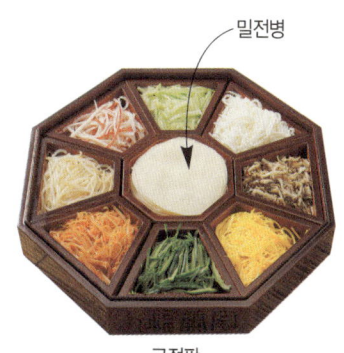
밀전병

구절판

게 편 다음 기름에 튀기거나 지져 꿀을 발라 먹는 음식이에요. 여기에 여덟 가지 볶음 요리를 싸 먹는 것을 구절판이라고 해요. 찰떡은 찹쌀로 만든 시루떡이지요. 칠석에는 올벼(제철보다 일찍 여무는 벼)를 신에게 바치며 농사가 잘 되길 빌었어요.

삼복 (음력 6월~7월)

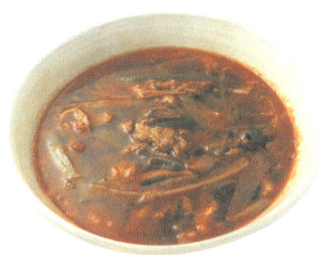
개장국 ©궁중음식연구원

초복, 중복, 말복을 일러 삼복이라고 해요. 일 년 중 가장 더운 때인 삼복에는 개장국, 육개장, 삼계탕 같은 음식을 먹었어요. 땀을 많이 흘려 지쳐 있는 몸을 보호하고 기운을 돋우기 위해서이지요. 또 밀설구나 주악 같은 떡을 해 먹었어요.

한가위 (음력 8월 15일)

'한'은 크다는 뜻이고, '가위'는 가운데라는 뜻이에요. 한가위는 8월의 한가운데 있는 큰 명절을 뜻하지요. 이 때는 일 년 동안 일군 곡식과 과일을 거두는 때라 먹을 것이 풍부해요. 한가위에는 햇곡식과 햇과일로 조상님께 차례를 드리며 감사의 마음을 전하지요.

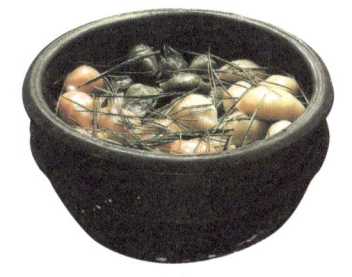
송편

추석에 먹는 대표적인 음식인 송편에는 추수를 감사하는 마음이 담겨 있어요. 송편은 솔잎을 넣고 함께 찌는데, 이 때 솔잎의 향은 음식이 상하지 않게

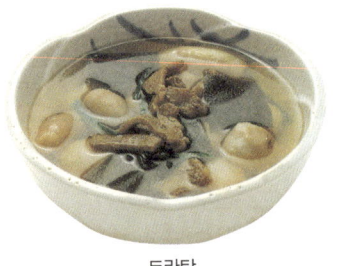
토란탕

하는 방부제 역할을 하지요. 송편은 반달 모양으로 만들기 때문에 달떡이라고도 해요.

그 밖에도 추석에는 토란탕, 밤단자, 송이산적, 화양적 등을 해 먹어요.

중양 (음력 9월 9일)

이 날은 집안의 복을 지켜 주는 성주신과 언제 돌아가셨는지 모르는 조상 또는 전염병으로 죽은 사람의 제사를 지내요. 국화전과 함께 배·유자·석류·잣 등을 넣어 만든 화채를 먹어요.

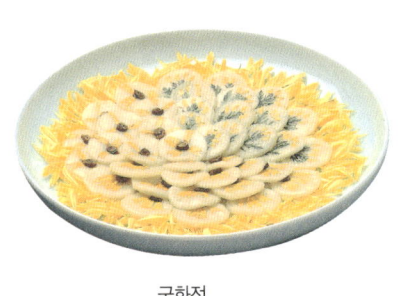
국화전

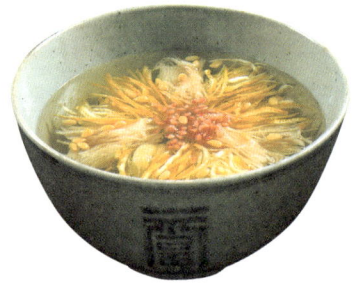
화채

상달 (음력 10월)

음력 10월은 24절기 중에서 입동과 소설이 있는 달로, 겨울 날씨에 접어들지만 아직 햇볕이 따뜻해요. 일 년의 농사가 마무리되는 상달에는, 곡식의 신과 조상님께 감사의 마음을 전하기 위해 팥시루떡을 만들어 고사를 지

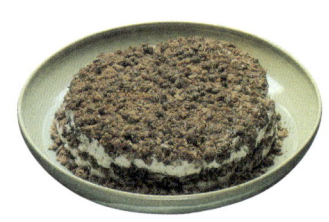
팥시루떡

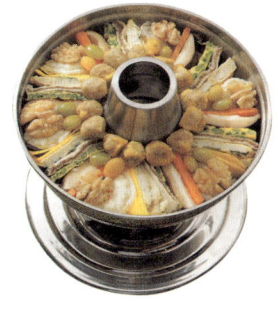
신선로

내요. 팥시루떡은 시루에 쌀가루를 한 켜씩 안치면서 사이사이에 팥고물을 넣고 찐 떡이에요. 또 상달에는 떡·신선로·애탕·강정 등을 만들어 먹고, 겨울 동안 먹을 김치·깍두기·동치미 등을 담그지요.

동지 (음력 11월 중순)

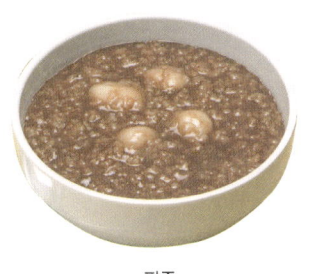
팥죽

일 년 중 낮이 가장 짧고 밤이 가장 긴 날로, '작은 설'이라고도 해요. 동지가 지나면 낮이 점점 길어지기 때문에, 예로부터 이 날을 해가 다시 살아나는 경사스러운 날로 여겼지요.

동지에 먹는 대표적인 음식은 팥죽이에요. 팥의 붉은색이 잡귀를 물리친다고 믿어, 집 안 곳곳에 팥죽을 놓았어요.

섣달 그믐날 (음력 12월 31일)

한 해를 보내는 마지막 날에는 깨끗하고 신성한 마음으로 새해를 맞기 위한 준비를 했어요. 남자들은 집 안팎 청소를 하고 여자들은 새해 음식을 준비했어요. 또, 귀신이 들어오지 못하도록 밤새 집 안 구석구석에 불을 밝히고 잠을 자지 않았어요.

새해 첫날 새로 만든 음식을 먹기 위해 이 날은 집에 남은 음식을 모두 먹었어요. 그래서 여러 가지 남은 재료로 비빔밥을 만들어 먹거나, 여러 가지 고물을 넣고 찐 온시루떡을 해 먹었어요.

다음 떡에는 어떤 마음이 담겨 있는지 줄로 이어 보세요.

❶ 백설기 •

• ㉠ 조상님께 감사하는 마음

❷ 팥시루떡 •

• ㉡ 건강하고 오래 살기를 바람

❸ 무늬 넣은 떡 •

• ㉢ 알차고 지혜로운 사람이 되기를 바람

❹ 소를 넣은 떡 •

• ㉣ 부귀와 자손 번창, 소원 성취

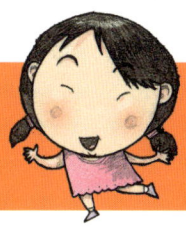

4 특별한 날에 먹는 특별한 음식

◎ 제3전시관에서 보세요.

세상에 태어나 사랑하는 사람과 혼례를 하고, 나이가 들어 회갑을 맞이하고, 시간이 흘러 죽음을 맞는 일은 사람이라면 누구나 겪는 일들이에요. 우리 민족은 이런 특별한 날에 가족과 친척, 이웃이 한데 모여 함께 기뻐하고 슬퍼했지요. 이 때 빠질 수 없는 것이 한 상 가득 차린 음식이에요. 특별한 날에 차리는 상에는 어떤 음식들이 올라가는지 알아볼까요?

삼신상

삼신상은 아기가 태어나는 날에 삼신 할머니께 드리는 상이에요. 세상에 아기를 내보내 준 걸 감사하는 마음과 아기가 건강하게 자라기를 바라는 마음을 담아, 밥 세 그릇과 국 세 그릇을 바치고 절을 했지요. 그리고 이 음식은 아기를 낳은 산모가 먹었어요.

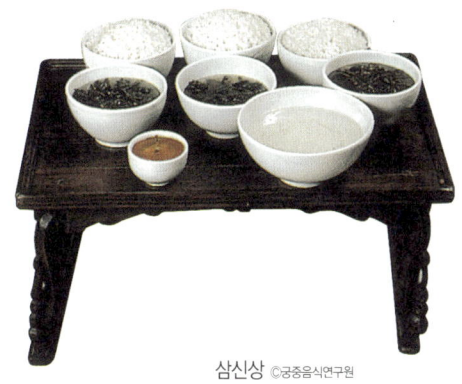

삼신상 ©궁중음식연구원

39

백일상

태어나서 백일 동안 건강하게 자란 것을 축하하는 뜻으로 차리는 상이에요. 백일상에는 백설기와 수수팥경단을 놓아요.

백설기는 백일날 백 집과 나눠 먹어야 아이에게 좋은 일이 많이 생긴다고 하여 붙여진 이름이에요. 또 아무것도 넣지 않은 순수하고 하얀 떡이라 붙여진 이름이기도 해요. 수수팥경단의 붉은색은 잡귀를 쫓고 부정을 막는다는 뜻을 지니고 있어요.

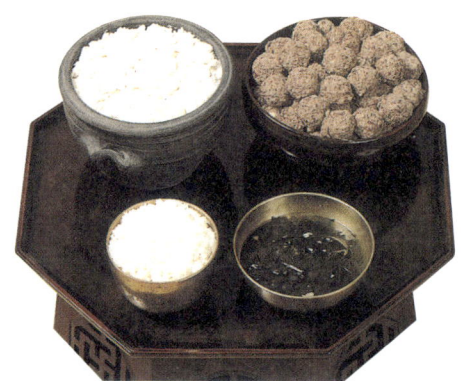

백일상 ⓒ궁중음식연구원

 열 살이 될 때까지, 생일날마다 자기 나이 수만큼 먹는 떡이 있어요. 어떤 것일까요?

❶ 백설기　　❷ 무지개떡　　❸ 송편　　❹ 수수팥경단

❹ 답정

돌상

태어나서 일 년이 되는 첫 생일날 차려 주는 상이에요. 백설기와 수수팥경단은 물론이고, 대추와 갖가지 과일, 오색 송편을 놓아요. 오색 송편은 붉은색·노랑색·푸른색·흰색·검정색 이렇게 다섯 가지 색으로 물들인 송편이에요. 오색 송편에는 우주의 다섯 가지 기운을 받아 튼튼하고 지혜로운 사람이 되라는 뜻이 담겨 있어요.

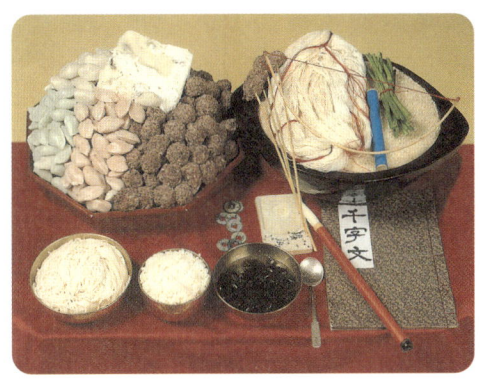

돌상 ©궁중음식연구원

 우리의 명절이나 행사 중에는 송편을 먹는 날들이 많아요. 다음 중 송편을 먹는 날이 아닌 때는 언제일까요?

❶ 추석 ❷ 혼례식 ❸ 중화절 ❹ 돌

초례청

혼례식 때 차리는 상에는 용떡을 놓아요. 용떡은 원래 어촌에서 고기를 많이 낚게 해 달라고 비는 풍어제를 지낼 때 차렸던 음식이에요. 쌀로 빚어 쪄 낸 용 모양의 떡이지요. 초례청에는 황룡과 청룡 두 가지 색 떡을 중앙에 놓았어요. 용이 사는 하늘의 기운을 받아 부부가 서로 사랑하며 오래도록 행복하게 살기를 바라는 마음이 담겨 있어요.

○ 제3전시관 '초례청' 전시물을 보세요.

용떡은 용 모양의 떡으로, 용의 입에는 자손을 빨리, 많이 나으라는 뜻으로 이 과일을 박았어요. 어떤 것일까요?

❶ 대추와 팥   ❷ 밤과 대추   ❸ 감과 대추

회갑상

자녀들이 61세를 맞이한 부모님의 은혜에 보답하기 위해 차려 드리는 상이에요. 돌상이나 초례청과는 달리, 커다란 교자상에 마을 사람들 모두 같이 먹을 수 있을 만큼 많은 음식을 차려요. 상에는 깎은 밤·대추·깐 잣·곶감·과자·강정·다식·약과를 원통형으로 쌓아 올려요. 회갑상에는 부모님이 그 동안 쌓아 온 공덕에 감사드리고, 많은 이들에게 음식을 나누어 복을 베풀고자 하는 마음이 담겨 있지요. 자식들은 부모님께 큰절을 올리고 술을 드리면서 부모님의 건강과 장수를 빌어요.

회갑상 맨 앞 줄에 높이 괸 음식들은 어떻게 할까요?

❶ 회갑을 맞은 부모님만 드신다.
❷ 회갑을 축하하러 온 손님들과 나누어 먹는다.
❸ 모양을 낸 것일 뿐 먹지는 못한다.

정답 ②/②

◎ 제3전시관 '회갑' 전시물을 보세요.

회갑상 옆에는 꽃 모양으로 장식한 음식을 따로 놓아요. 이것은 무엇으로 만들었을까요?

❶ 곶감 ❷ 쥐포 ❸ 문어 ❹ 엿

제사상

돌아가신 조상에게 복을 빌기 위해 차리는 상이에요. 원래 제사는 돌아가신 날의 전날 자정에 지내지만, 요즘에는 돌아가신 날 초저녁에 지내기도 해요. 이렇게 돌아가신 날에 지내는 제사를 기제사라고 불러요. 설과 추석에 지내는 제사는 차례, 묘소에 가서 지내는 제사는 묘제라고 해요.

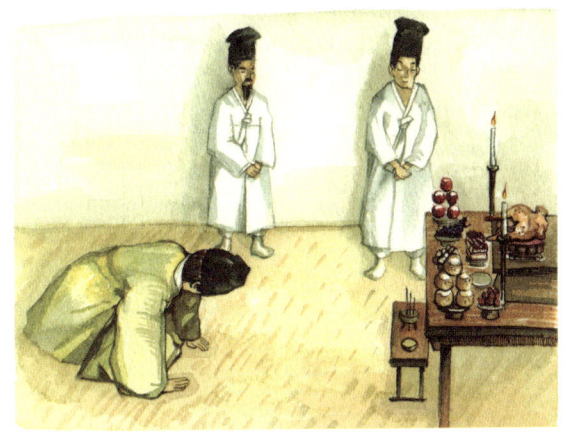

◎ 제3전시관 '제사' 전시물을 보세요.

제사상 첫 줄에 꼭 놓아야 하는 네 가지 과일은 무엇일까요?

❶ 대추, 밤, 곶감, 배 ❷ 밤, 곶감, 은행, 잣
❸ 배, 사과, 바나나, 딸기

정답 ❸/❶

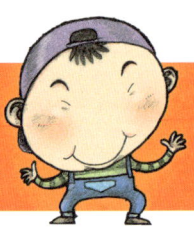

go go! 5 조상의 지혜가 깃든 발효 음식

1. 냄새가 고약하다고?

효모나 박테리아와 같은 미생물이 곡물이나 채소의 성질을 변화시켜 생긴 음식을 발효 음식이라고 해요. 김치, 젓갈, 식혜, 식초, 술 등은 모두 이러한 발효 음식이지요.

 다음 중 발효 식품이 아닌 것은 어떤 것일까요?

❶ 두부　　❷ 술　　❸ 김치　　❹ 요구르트

발효와 부패를 결정짓는 것은 바로 세균!

효모나 박테리아가 똑같이 음식에 들어가도, 물·공기·햇빛의 정도에 따라 발효가 되기도 하고, 썩거나 상하기도 해요. 음식이 발효될 수 있는 조건, 그러니까 균이 잘 살 수 있는 조건이 갖추어지면 발효가 되고 그렇지 않으면 부패가 되는 거예요.

음식이 발효되는 조건은 음식마다 달라요. 김치는 온도 변화가 적고 서늘한 곳에서 햇빛을 받지 않도록 해야 되고, 장류는 바람이 잘 통하는 곳에서 충분히 햇빛을 쐬어야 돼요.

❶ 정답

44

음식을 발효시키는 세균은 음식마다 달라요. 다음 음식과 각 음식을
발효시키는 세균을 서로 짝지어 보세요.

❶ 김치 •   • 젖산균

❷ 간장 •   • 효모균

❸ 술 •   • 박테리아균

발효와 부패의 차이

발효

· 특정한 조건과 환경에서 일어난다

· 냄새가 나지만 악취는 아니다.

· 발효된 음식을 꾸준히 먹으면 건강해진다.

· 음식이나 의학 재료로 쓰인다.

· 오래 두면 감칠맛이 난다.

부패

· 자연 상태에서 일어난다.

· 악취가 난다.

· 부패된 음식을 먹으면 탈이 나거나
  병에 걸린다.

· 거름으로 쓰인다.

· 오래 두면 악취가 심해지고 벌레가 생긴다.

2. 배추가 김치가 되기까지

◐ 제2전시관 '김치' 전시물을 보세요.

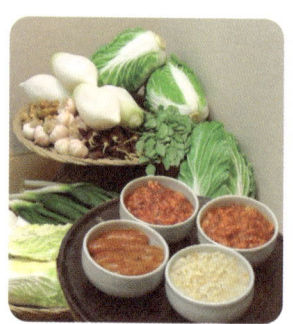

김치는 배추나 무 같은 야채를 소금에 절여 여러 가지 양념으로 버무린 거예요. 산과 바다, 들에서 나는 야채와 젓갈로 갖은 양념을 만들지요.

 김치의 재료들은 어디에서 난 것일까요? 알맞게 짝지어 보세요.

❶ 젓갈, 소금 ● ● 산

❷ 파, 마늘, 갓, 무, 고추 ● ● 바다

❸ 고랭지 배추 ● ● 들

김치는 언제부터 먹었을까?

겨울에 먹을 채소를 소금에 절이기 시작하면서부터 김치의 역사는 시작되었어요. 중국의 『제민요술』이라는 책을 보면, 우리 조상들은 이미 삼국 시대에 가지, 박, 무(순무), 죽순 등을 소금이나 식초, 장, 누룩 등에 섞어 절여 먹었다고 해요.

김치에 고춧가루를 쓰기 시작한 것은 고추가 우리 나라에 들어온 임진왜란 이후부터였어요. 또, 불교 국가였던 고려 시대에는 육식을 금지해 김치에 젓갈을 넣지 않았고, 동치미 같은 물김치를 주로 먹었어요. 조선 시대에 주재료와 양념이 구분되기 시작했고, 양념의 종류도 늘어났지요.

조상들은 무슨 김치를 좋아했을까?

지금은 배추 김치를 가장 즐겨 먹지만 조선 시대까지는 그렇지 않았어요. 배추가 우리 나라에 들어온 것은 고려 시대예요. 줄기가 짧고 잎은 넓고 두터우며 실털이 많은 채소라 하여, '숭'이라고 불렀어요. 그 때는 배추를 약으로 사용했지요. 배추를 김치로 담가 먹은 것은 조선 시대부터예요. 아래 표를 보면 조선 초기부터 배추가 점점 주된 김치로 자리잡아 온 것을 알 수 있어요. 그 전까지 가장 즐겨 먹은 김치는 무 김치였답니다.

시대별로 즐겨 먹었던 김치의 주재료 순서

삼국 시대~고려 시대	무, 오이, 가지, 죽순, 갓
조선 초기	무, 오이, 가지, 배추
조선 중기	무, 오이, 배추, 가지
조선 말기	무, 배추, 오이
대한제국 말기	배추, 무, 오이

재료도 여러 가지, 맛도 여러 가지

배추 김치, 무 김치만 김치가 아니에요. 오이, 파, 갓, 고들빼기 등으로 담근 김치들도 별미로 많이 먹지요. 아삭한 맛, 톡 쏘는 맛, 쌉쌀한 맛 등 각 재료가 지닌 고유의 맛이 감칠맛 나는 양념과 잘 어우러져 독특한 맛을 내지요. 그 밖에도 나물 재료로 많이 쓰이는 호박, 가지, 깻잎, 고구마순, 시금치, 고춧잎, 죽순, 쑥갓 등으로도 김치를 담글 수 있어요. 지금까지 알려진 김치 종류만도 배추 김치 25종, 무 김치 62종, 오이 김치 10종, 채소 김치 25종, 해조류 김치 5종, 그 밖의 김치 21종 등등 모두 187종이나 된답니다.

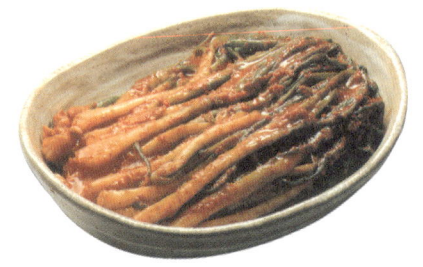

파김치 ⓒ궁중음식연구원

 여러분이 가장 좋아하는 김치는 어떤 김치인가요?
아직 먹어 보지 못했지만, 한번 먹어 보고 싶은 김치는 어떤 김치인가요?

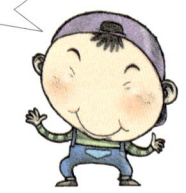

뭐니 뭐니 해도
깍두기가 최고야!

김치의 이름을 붙이는 방법

김치 이름은 대개 그 재료의 이름을 따서 지어요. 배추로 만들면 배추 김치, 총각무로 만들면 총각 김치, 파로 만들면 파 김치, 깻잎으로 만들면 깻잎 김치라고 불러요.

김치는 만드는 방법에 따라 이름을 붙이기도
해요. 깍뚝 썰기 모양으로 만든 깍두기, 보자기
에 싸듯 속재료를 싸서 만든 보쌈 김치, 비늘
처럼 칼집을 내어 양념을 넣은 비늘 김치, 무를
납작하게 썰어 담그는 나박 김치, 겉만 살짝 절인
겉절이, 고춧가루를 넣지 않아 흰색이 나는 백김치
같은 것들이지요.

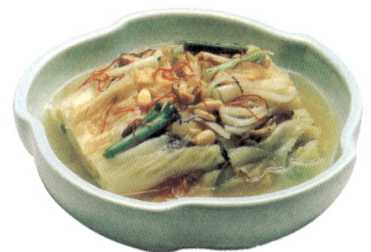

백김치 ⓒ궁중음식연구원

 오이에 칼집을 넣은 다음, 파 · 부추 · 양파 등으로 만든 소를 박아
넣은 김치를 뭐라고 부를까요?

❶ 오이 비늘 김치   ❷ 오이 소박이 김치   ❸ 오이 깍두기 김치

김치를 만들어 보아요

배추 김치를 만들기 위해서는 먼저 배추를 소금에 절인 다음 깨끗이 씻어
물기를 빼요. 그리고 배춧잎 사이사이에 갖은 양념을 켜켜이 넣지요. 이것을
가리켜 '속을 넣는다'고 해요. 그 다음 옹기에 넣고 알맞은 온도로 보관하면
맛있는 김치가 되지요. 요즘에는 김치 전용 냉장고에 보관하기도 하지만, 옛
날에는 땅 속에 김칫독을 묻었어요. 땅 속이 바깥보다 온도 변화가 적고, 공
기와의 접촉을 줄일 수 있기 때문에 김치를 맛있게 오래도록 먹을 수 있었거
든요.

그럼 김치 양념은 어떻게 만들까요? 파 · 마늘 · 생강 · 고춧가루 같은 향신
료와 무 · 미나리 · 부추 같은 부재료, 그리고 젓갈을 넣고 한데 버무려 만들
어요.

❷ 답정

다음 그림은 김치를 만드는 과정이에요. 보기에서 설명을 골라 알맞게 써 넣으세요.

보기

속 넣기, 배추 절이기, 땅 속에 묻기, 옹기에 저장하기, 양념 버무리기

❶

_____

❷

_____

❸
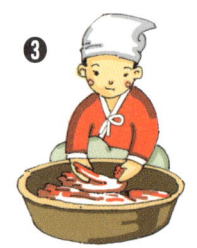

_____

❹
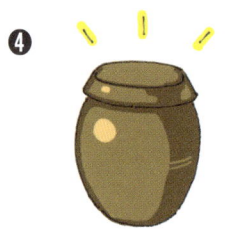

_____

❺
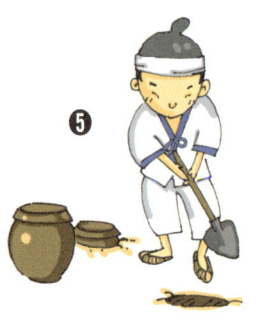

_____

김치를 발효시키는 것은 무엇?

김치가 맛있게 익었다는 것은 여러 가지 야채와 양념이 알맞게 발효되었다는 말이에요. 그럼 김치는 무엇을 통해, 어떻게 발효되는 걸까요? 김치의 재료 속에 있던 여러 가지 미생물과 효소가 활동을 하면 젖산균이 자라기 시작해요. 젖산균은 채소의 당분을 젖산으로 바꾸어 산뜻한 맛을 내지요. 이러한 발효 과정을 촉진시키고, 해로운 미생물의 번식을 막아 오래도록 먹을 수 있게 하는 재료가 바로 젓갈이에요.

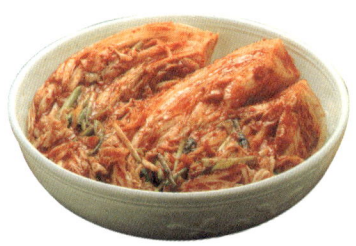

배추김치 ⓒ궁중음식연구원

우리 나라 중부와 남부 지방에서는 김치에 젓갈을 많이 넣어요. 그런데 북쪽 지방으로 올라갈수록 젓갈을 적게 사용하지요. 날씨가 더워 음식이 쉽게 변하는 남쪽에서는 김치를 조금 짜게 담그고, 날씨가 서늘해 음식이 빨리 변하지 않는 북쪽에서는 조금 싱겁게 담그기 때문이지요.

'김치' 라는 말은 어디에서 왔을까?

새콤하게 무쳐 먹거나 시원한 물에 띄워 먹는 오이지는 오이를 소금에 절인 거예요. 오이지의 '지' 자는 소금에 절인 음식을 가리키는 말이지요. 김치도 처음에는 '지' 또는 '저' 로 부르다가 나중에, 소금물에 담근 채소라는 뜻으로 '침채' 라고 불렀어요. 침채가 딤채, 짐치, 김치 순으로 발음이 변해 지금의 '김치' 가 된 것이죠. 남부 지방에서는 지금도 김치를 '짠지' 나 '싱건지' 라고 부르기도 해요.

우리 몸에 좋은 김치

김치의 주재료는 여러 가지 채소예요. 채소에 들어 있는 비타민 C와 카로

틴은 몸이 늙는 것을 막아 주고 암과 같은 병도 예방하지요. 채소류에 풍부한 섬유질은 변비를 예방하고 피를 맑게 하며 중금속이나 공해 물질을 없애 주기도 해요.

김치 양념에 많이 넣는 마늘과 고추도 우리 몸에 좋아요. 마늘에 들어 있는 알리인은 기운을 돋게 하고 해로운 균을 막아 줄 뿐 아니라 피를 맑게 해 줘요. 고추에는 사과보다 20배나 많은 비타민 C가 들어 있어요. 또, 고추의 매운 맛을 내는 캡사이신은 채소를 신선하게 보존시키는 역할을 하며 젓갈이 부패하는 걸 막아요. 아무리 몸에 좋다고 해도 마늘과 고추는 매운 맛과 향 때문에 그냥 먹기가 쉽지 않지요? 하지만 김치를 먹으면 거부감 없이 마늘과 고추를 먹을 수 있어요.

또, 김치가 익을 때 나오는 젓산균과 아세틸콜린은 소화가 잘 되도록 도와 줄 뿐만 아니라, 몸에 이로운 균을 만들고 해로운 균은 자라지 못하게 막아 줘요. 장수촌으로 소문난 세계 여러 곳의 음식을 살펴 보면 젓산균이 많이 들어 있어요. 김치를 많이 먹으면 오래오래 건강하게 살 수 있답니다.

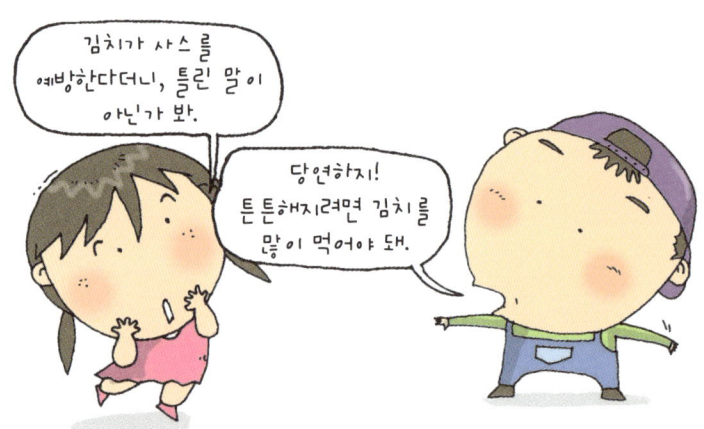

배추한테 듣는 김치 이야기

김치에 대해 많이 알게 되었지요? 그런데 아직도 궁금한 것들이 있다고요? 그럼 함께 살펴 볼까요?

 김치는 식물성 식품인가요?

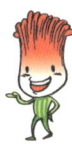 김치 양념으로는 고추, 양파와 같은 식물성 재료도 있지만 젓갈 같은 동물성 재료도 있어요. 강원도에서는 생태, 오징어, 창란젓 등을 넣은 해물 김치를 담가 먹기도 해요. 충청도에서는 새우젓을, 전라도에서는 조기나 밴댕이젓을, 경상도에서는 멸치젓을 많이 써요.

 소금에 절이지 않으면 김치가 아닌가요?

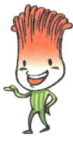 소금에 절이지 않은 김치도 있어요. 산갓 침채는 산갓에 따뜻한 물을 넣어 발효시킨 김치로, 날씨가 추운 곳에서 많이 만들어 먹었어요. 또, 무를 뜨거운 물에 삶아 양념에 버무린 숙깍두기도 있어요.

 우리 김치와 일본 기무치는 어떻게 다른가요?

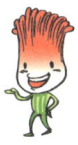 김치는 이제 전 세계 사람들이 즐기는 음식이 되었어요. 2001년도에 국제식품규격위원회(CODEX)로부터 국제 식품으로 공인받았고, 세계 여러 나라로 수출도 하고 있지요. 해외 시장에서 우리 김치와 경쟁하고 있는 일본의 기무치는 김치와는 달라요. 기무치는 발효시키지 않고 단순히 양념에 버무린 것으로, 우리의 겉절이와 비슷하지요.

여러 가지 김치, 또는 김치가 들어간 요리로 식단을 짜 볼까요? 다음 이틀치 식단을 보고 끼니마다 어울리는 음식을 하나씩 추가해 주세요. 보기에 있는 것 말고 여러분이 아는 김치나 김치 요리를 써넣어도 좋아요.

			보기
오늘의 식단	아침	콩나물국, 보리밥, ( )	배추 김치
	점심	설렁탕, ( )	총각 김치
	저녁	쌀밥, 감자 조림, ( )	깍두기
내일의 식단	아침	찐 고구마, ( )	고구마순 김치
			동치미
	점심	오이 냉국, 계란 부침,( )	김치 찌개
	저녁	( ), ( ), ( )	김치 볶음밥
			김치 부침개

3. 콩을 퉁퉁 불리고, 푹푹 삶아, 콩콩 찧어서

간장, 된장, 고추장을 만드는 재료가 뭔지 아세요? 바로 콩이에요. 하지만 콩으로 바로 간장, 된장, 고추장을 만들 수 있는 건 아니에요. 콩으로 메주를 만든 다음, 발효시켜 만들지요. 메주를 띄워 장을 담그는 과정에는 오랜 시간과 정성스런 손길이 필요해요. 하지만 생각만큼 복잡하지는 않답니다.

메주의 발효 과학

옛날부터 못생긴 아이를 메주 같다는 말로 놀리고는 했지요. 하지만 메주는 여러 모로 쓸모가 많을 뿐 아니라 발효되는 과정에서 우리 몸에 좋은 성분을 만들어 낸답니다. 메주는 흰콩(메주콩)을 삶아 적당한 크기로 뭉쳐서 만들어요. 메주를 짚으로 묶어 바람이 잘 통하고 햇볕이 잘 드는 곳에 매달아 두면 흰 곰팡이가 생기지요. 이 흰 곰팡이는 암을 예방하고, 피를 멈추게 하는 지혈 작용을 하는 것으로 알려져 있어요.

40~60일 동안 발효시킨 메주를 소금물에 담갔다가, 다시 40~60일이 지나면 건져 내요. 이 때 소금물은 간장이 되고, 건져 낸 메주는 된장이 되지요. 예로부터 간장과 된장을 담그는 날은 아주 중요한 날로 여겼어요. 좋은 날을 잡은 다음, 정갈한 마음으로 준비를 하고 정성을 다해 장을 만들었지요. 만든 다음에는 칠성신에게 장맛을 지켜 달라고 기도를 올렸어요.

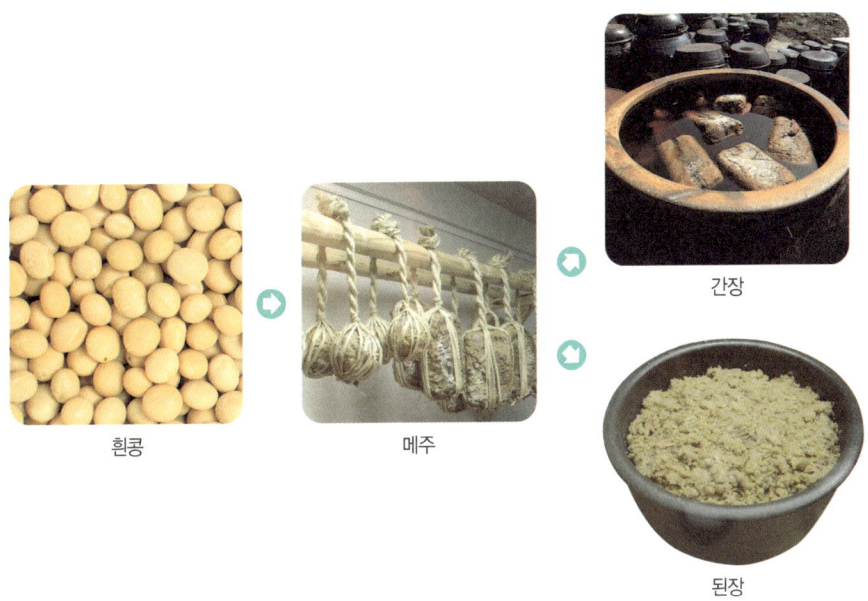

흰콩　　　　메주　　　　간장

된장

장 담그는 순서

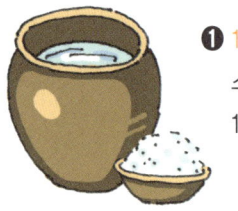

❶ 17% 농도의 소금물을 준비해요.

소금물에 달걀을 넣어 3분의 1 정도 떠오르면 17% 정도의 농도로 볼 수 있어요.

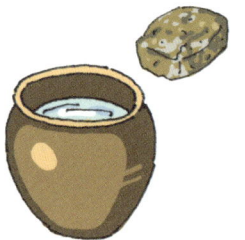

❷ 흰 곰팡이가 핀 메주를 소금물에 담가요.

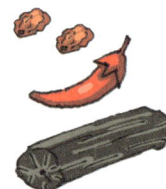

❸ 고추, 대추, 참숯을 넣어요.

붉은색 고추에는 잡귀를 물리치려는 마음이 담겨 있어요. 대추는 단맛을 내는 역할을, 참숯은 간장의 잡냄새를 없애고 소독하는 역할을 해요.

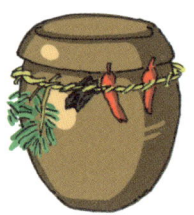

❹ 항아리 주둥이에 솔잎과 붉은 고추, 참숯을 끼운 금줄을 둘러요.

일 년 동안 먹을 장에 잡귀가 붙지 않기를 바라는 마음의 표시지요.

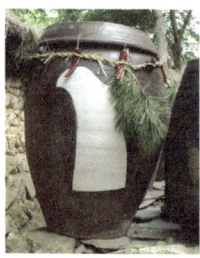

❺ 항아리에 창호지를 버선 모양으로 오려 거꾸로 붙여요.

이렇게 하면 땅에 사는 벌레들이 창호지에 반사되는 빛 때문에 항아리로 기어 오르지 못하지요.

우리 몸에 좋은 간장과 된장

콩으로 만든 음식에는 단백질이 많아요. 오래된 간장은 고기를 많이 먹지 않는 사람들에게 필요한 영양소를 지니고 있어요. 또, 된장에 들어 있는 바실루스균은 피가 뭉쳐서 일어나는 뇌출혈이나 뇌혈전증을 예방해 줘요. 된장은 끓여 먹는 것보다 날로 먹는 것이 영양소 파괴가 적어요. 끓이더라도 5분 이내로 요리하는 것이 좋아요.

청국장, 빠개장, 가루장, 빰장, 보리장 같은 것은 단기간에 숙성시킨 즉석된장들이에요. 엄마가 끓여 주시는 청국장 찌개를 먹어 본 적 있나요? 냄새가 지독해 손이 가질 않는다구요? 하지만 청국장은 지독한 냄새에 코를 막던 사람들도 한 번 먹어 보면 그 구수한 맛에 반해 자꾸 손이 가게 되는 묘한 매력을 가진 음식이랍니다.

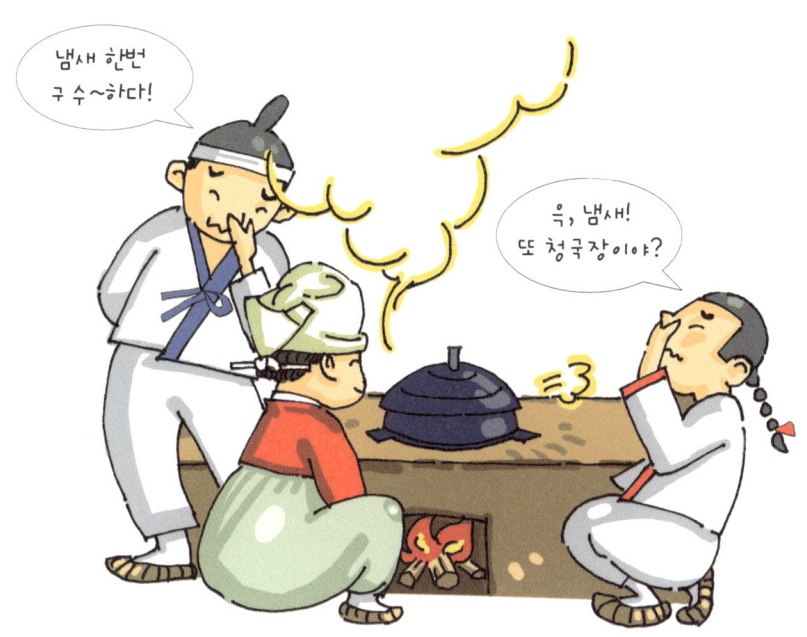

고추장은 어떻게 만들까?

고추장이 없다면 여러분이 좋아하는 떡볶이를 먹을 수 없겠죠? 맛있는 비빔밥을 먹을 때도 고추장이 없으면 허전하죠. 고추장을 만들려면 고춧가루에 메주와 엿기름 가루를 섞어 발효시켜요. 고추장은 맵고, 달고, 짠 맛을 모두 가진 장이에요.

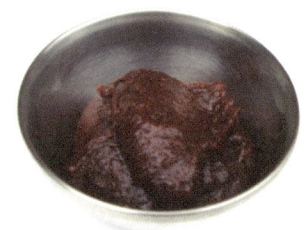

고추장

콩의 또다른 변신 하나, 콩나물

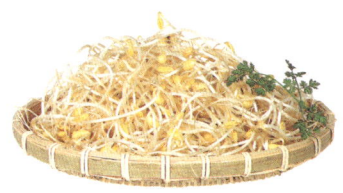

콩을 물에 담가 불린 다음 시루에 담고 어두운 곳에 두면 싹이 터서 자라요. 물을 자주 주면 사나흘 동안 5~7센티미터나 자란답니다. 그러면 콩나물로 먹을 수 있어요. 콩나물은 우리 밥상에 자주 오르는 반찬거리이자 국거리지요.

콩에는 비타민 C가 거의 없지만 콩나물에는 비타민 C가 많아요. 그래서 콩나물은 감기나 몸살에 좋지요. 어른들이 술을 마신 다음 날에 콩나물국을 먹는 것은, 콩나물 뿌리와 줄기에 알코올을 분해시키는 아스파트산이 들어 있어 술 기운을 없애 주기 때문이에요.

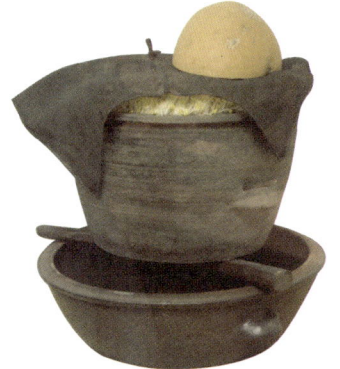

콩나물 시루

콩의 또다른 변신 둘, 두부

◎ 제2전시관 '두부' 전시물을 보세요

콩으로 만들 수 있는 것 중에 빼놓을 수 없는 게 있어요. 바로 두부예요. 두부는 흰콩을 갈아 만든 국물에 간수(소금의 진액)를 넣고 응고시켜 만들어요. 간수를 많이 넣을수록 두부는 단단해져요. 간수를 적게 넣어 말랑말랑한 것은 연두부, 거의 액체 상체가 된 것은 순두부예요. 콩 건더기만을 걸러 낸 것은 콩비지라고 하지요.

두부는 콩에 든 단백질을 소화되기 쉬운 형태로 만든 것이라 먹기에도 좋고 영양도 풍부해요. 식물성 단백질은 성인병을 예방하기도 하지요.

두부 만드는 과정

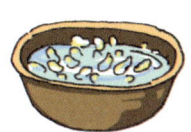
❶ 흰콩을 불린다.

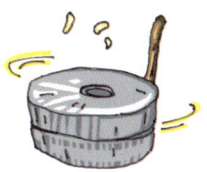
❷ 흰콩을 맷돌에 간다.

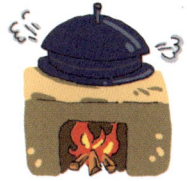
❸ 건더기는 건지고 콩물만 솥에 넣어 끓이다가 간수를 넣는다.

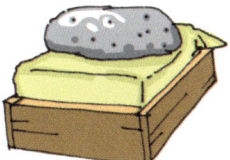
❹ 응고되면 보자기에 넣고 꼭 싸맨 다음 무거운 것으로 눌러 물기를 빼낸다.

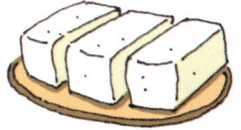
❺ 적당한 크기로 썰어 먹는다.

여러분이 알고 있거나 먹어 본 두부 요리에는 어떤 것이 있나요?

4. 밥 도둑 젓갈

젓갈은 어패류나 생선을 소금에 절인 음식이에요. 단백질을 발효시켜 아미노산으로 분해한 저장 식품이지요. 옛날에 고기가 귀할 때는, 동물성 단백질을 보충할 수 있는 중요한 식품이었어요.

어떤 젓갈들이 있을까?

젓갈은 새우젓, 조개젓, 명란젓, 창란젓, 멸치젓, 오징어젓, 밴댕이젓, 꼴뚜기젓, 어리굴젓, 소라젓, 연어알젓, 조기젓 등 그 종류가 정말 많아요. 새우젓·멸치젓·조기젓은 김치를 담글 때 주로 쓰고, 나머지는 양념을 해서 반찬으로 먹지요. 입맛을 돋워 주는 젓갈은 짭잘한 특유의 감칠맛 때문에 밥을 더 먹게 한다고 해서 밥 도둑이라고 부르기도 해요.

젓갈의 맛을 좌우하는 것은?

젓갈을 담글 때 없으면 안 되는 것이 소금이에요. 소금의 양에 따라 젓갈의 맛도 차이가 나요. 또, 날씨와 저장하는 방법에 따라서도 맛이 달라져요. 온도 변화가 적은 옹기에 담아 꼭 봉한 다음 서늘한 곳에서 익힌 젓갈이 맛도 좋지요.

5. 새콤시큼 식초

식초는 주로 여러 가지 과일이나 곡식을 이용해 만들어요. 사과나 감 또는 현미에 아세트산균을 번식시키면 발효되어 식초가 되지요. 식초는 음식의 나쁜 균을 없애 줄 뿐 아니라 맛과 향도 더해 주어요. 우리 나라에는 삼국 시대 때 중국에서 전해졌어요.

6. 밥알 동동 식혜

식혜는 어떻게 만들까?

단술이라고 부르기도 하는 식혜의
주재료는 쌀밥과 보리를 싹 틔운 엿
기름 가루예요. 식혜를 만들려면 먼
저 엿기름 가루를 따뜻한 물에 담가
두었다가 체로 걸러 엿기름 물을 만들어
요. 여기에 쌀밥을 푹 잠기게 넣고 따뜻한
곳에 두면 밥알이 떠오르면서 발효가 되지요.

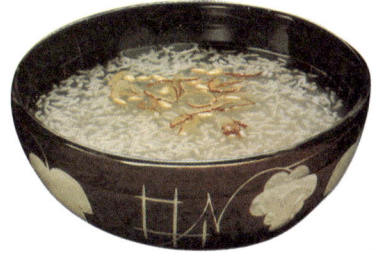

식혜

발효된 식혜를 끓이면서 설탕을 넣으면 달짝지근한 맛이 나요. 다 만든 식혜
는 시원하게 식혀서 먹어요.

식혜는 언제 먹을까?

요즘에는 식혜가 캔 음료로도 나와 언제 어디서나 먹을 수 있어요. 하지만
예전에는 명절이나 제사 등 집안에 특별한 행사가 있을 때만 식혜를 만들어
먹었어요. 그리고 여름보다는 겨울철에 많이 만들어 먹었지요. 여름철에는
식혜가 쉽게 변해서 만들어도 오래 두고 먹지 못했거든요. 얼음과 밥알이 동
동 뜬 식혜는 겨울철 별미 음료였지요. 식혜는 소화를 돕기 때문에 밥을 먹고
난 뒤 후식으로 먹으면 좋아요.

7. 신에게 바치는 최고의 선물, 술

◉ 제2전시관 '양조' 전시물을 보세요.

술은 언제부터 마셨을까?

술은 곡식이나 과일 등이 발효되어 알코올 성분을 지닌 것을 말해요. 과일이 시어지면서 변한 액체를 맛본 옛날 사람들은 술의 맛과 향을 알게 되었고, 그 때부터 술을 만들어 마시기 시작했지요.

술은 신이나 조상님들께 제사를 지낼 때 올리기도 했고, 혼례를 올릴 때 신랑 신부가 나눠 마시기도 했어요. 또, 정월 대보름에 마시는 귀밝이술은 일년 동안 좋은 소리만 듣기를 바라는 마음으로 마셨지요.

어린아이가 자라 열다섯 살이 되면 어른이 되는 성인식을 올렸어요. 이 때 어른들은 "자신의 행동에 책임을 질 줄 아는 사람이 되라."는 말과 함께 술을 한 잔 권했어요. 이것은 어른으로 대접해 준다는 뜻이지요.

술은 무엇으로 만들까?

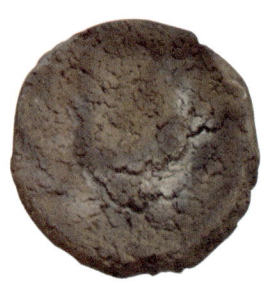

누룩

술은 쌀과 밀로 만들어요. 먼저 쌀을 사흘 동안 물에 담갔다가 꼬들꼬들한 고두밥을 지어요. 고두밥을 말린 뒤 누룩 가루를 섞어 술독에 넣고 물을 부어요. 알맞게 발효가 되면 우리가 막걸리라고 부르는 전통 술이 되지요.

누룩이 없으면 술을 빚을 수 없어요. 통밀을 빻아 물로 반죽한 다음 처마 밑에 매달아 놓으면 발효가 되어 누룩이 되지요. 누룩은 쌀이 술로 변하도록 하는 효소를 가지고 있어요.

어떤 술이 있을까?

술이 익으면 체에 걸러 마셔요. 이것을 탁주(막걸리)라고 하지요. 술을 뜨기 하루 이틀 전에 술 항아리 가운데에 용수를 박아 두기도 해요. 용수 안에 고이는 맑은 술을 청주라고 하지요. 또, 탁주나 청주를 소줏고리에 넣고 끓일 때 생기는 수증기를 받아 낸 것이 소주예요. 소주는 오래 두고 먹을 수 있는 술로, 도수가 가장 높아요.

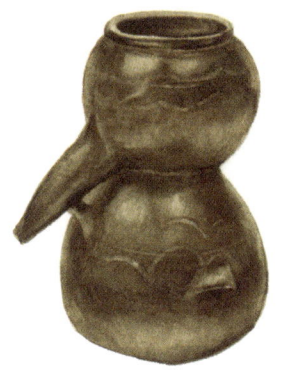

소줏고리

용수는 어떻게 사용할까요?

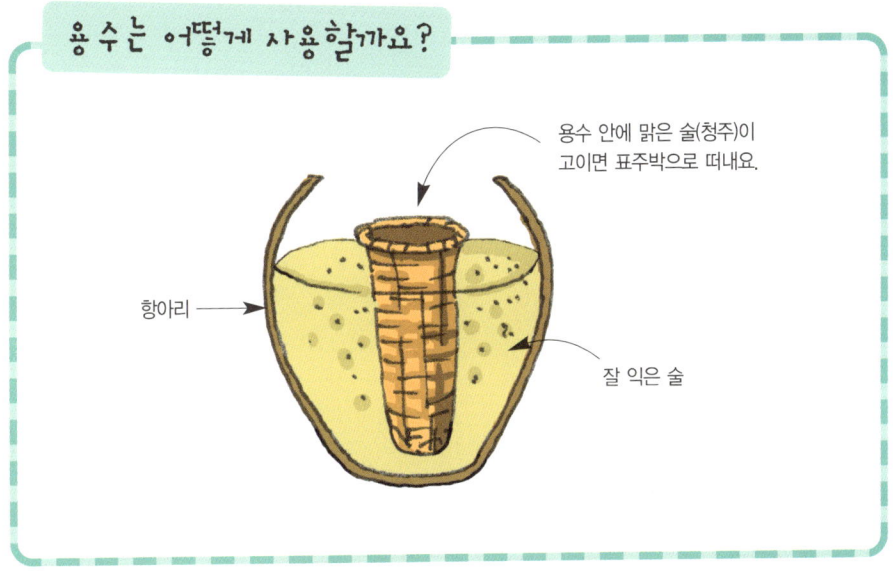

용수 안에 맑은 술(청주)이 고이면 표주박으로 떠내요.

항아리

잘 익은 술

 술을 발효시키는 효소는 다음 중 어디에서 나올까요?

❶ 메주   ❷ 누룩   ❸ 쌀

정답 ②

8. 발효 음식과 그릇

우리 음식에는 발효 음식이 많아요. 식품의 원료가 우리 몸에 유익하게 변하도록 하려면, 그것을 담는 그릇의 선택이 무척 중요해요. 그릇은 발효의 조건이라고 할 수 있는 온도와 습도를 유지시켜 줘야 하거든요.

발효 음식을 저장하기에 가장 적당한 그릇은 옹기예요. 질그릇이라고도 하는 옹기는 흙으로 빚어 만들지요. 찰흙 안에 들어 있는 수많은 모래 알갱이가 그릇에 미세한 공기 구멍을 만들어 내요. 이 숨구멍들은 젓갈, 장, 술, 식초 등이 맛있게 발효되도록 그릇 안팎의 공기를 순환시켜 주지요.

옹기의 생김새는 지방마다 조금씩 달라요. 서울·경기 지방의 독은 키가 크고 배가 홀쭉하며 아가리가 넓은 편이에요. 충청도 지방의 독은 아가리와 어깨 사이의 목 부분이 높고 전체적으로 둥글게 생겼어요. 경상도 지방의 독은 주둥이가 좁고, 어깨에 각이 진 형태도 있어요. 전라도 지방의 독은 배가 매우 불룩하고 큰 편이며, 꼭지가 달린 소래기 모양의 뚜껑을 덮어요.

젓갈을 담아 익히는 젓갈독도 모양이 특이해요. 바닥보다 아가리가 넓고 몸체는 길고 곧게 생겼지요.

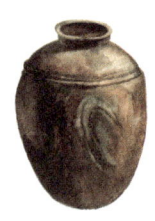 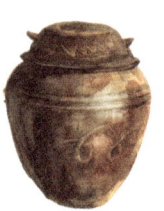 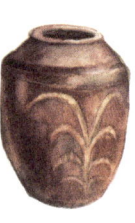 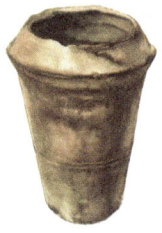

충청도 옹기   전라도 옹기   경상도 옹기   젓갈독

여러 가지 그릇

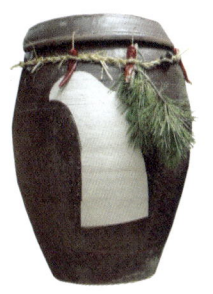

옹기

● 제2전시관 '장독대' 전시물을 보세요.

옹기는 값이 싸고 튼튼해 생활 곳곳에서 이용되었어요. 발효 음식을 저장하는 독이나 떡을 찌는 시루는 물론이고 소줏고리, 주전자, 등잔, 기와 등이 모두 옹기로 만들어졌지요. 옹기는 깨지면 다시 흙으로 돌아가기 때문에 자연에 가장 가까운 그릇이라 할 수 있어요.

유기

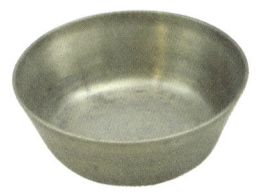

놋그릇이라고도 하는 유기는 옛날에는 많이 썼지만 스테인레스 그릇이 등장하면서 차츰 쓰지 않게 되었어요. 유기는 쉽게 녹이 나서 자주 닦아 줘야 돼요.

사기

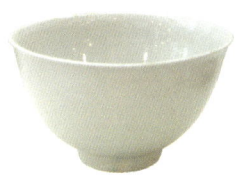

백자 도자기인 사기 그릇은 여름철에 많이 사용했어요. 음식이 사기에 닿으면 열이 쉽게 식기 때문에 시원하게 먹을 수 있었거든요. 반면 겨울철에는 사기 대신 음식을 따뜻하게 할 수 있는 유기를 썼지요.

목기

● 제2전시관 '사찰 음식' 전시물을 보세요.

나무로 만든 그릇을 말해요. 큰 바가지같이 생긴 함지박도 나무로 만들어 썼어요. 또, 절에서 스님들이 쓰는 밥그릇인 발우도 목기예요. 요즘에는 제사를 지낼 때도 목기를 써요.

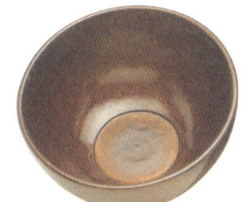

ⓒ지명 스님, 『발우』,
생각의 나무, 2002

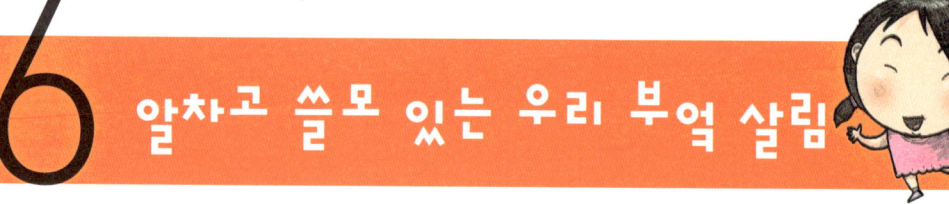

6 알차고 쓸모 있는 우리 부엌 살림

◐ 제2전시관 '부엌' 전시물을 보세요.

　'부엌'이라는 공간은 불을 때서 요리를 하기 시작하면서 생겨났어요. 전통 부엌은 여러 가지 기능을 가지고 있었어요. 음식을 만드는 곳인 동시에 방을 따뜻하게 덥히기 위해 불을 때는 곳이기도 했지요. 또, 음식·그릇·땔감을 보관하는 곳이기도 했어요. 다음 그림은 우리 전통 부엌의 모습이에요.

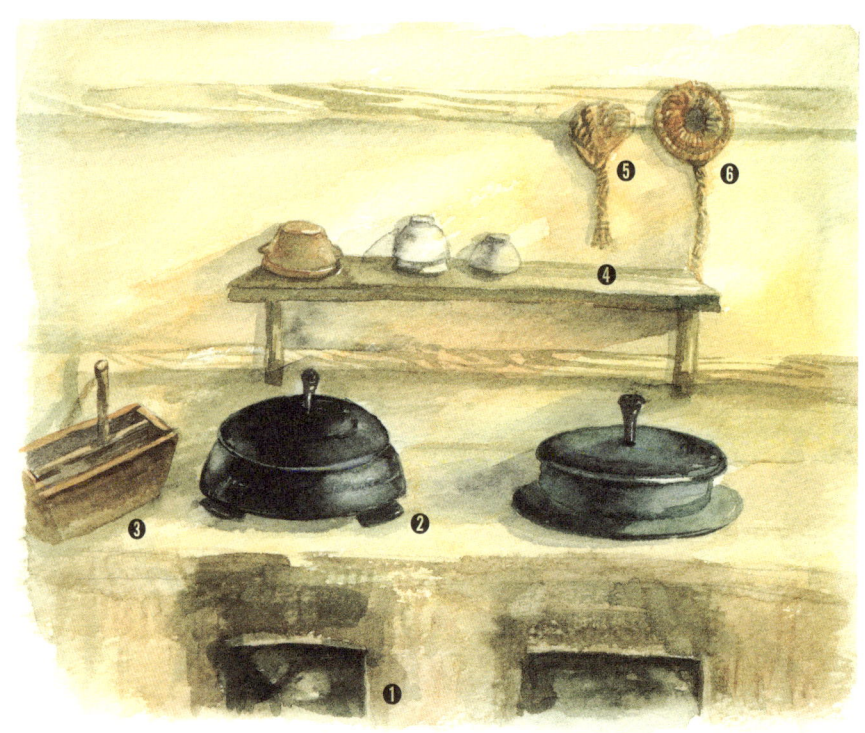

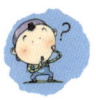 다음은 왼쪽 그림에 대한 설명이에요. 빈 칸에 알맞은 이름을 넣어
보세요.

❶ (   ) : 솥 아래 불을 지필 수 있도록 만든 구멍.

❷ (   ) : 아궁이 위에 솥을 걸 수 있도록 흙이나 돌로 쌓은 턱.

❸ (   ) : 우물 물을 퍼 올리는 기구.

❹ (   ) : 부엌 살림살이를 보관하는 선반.

❺ (   ) : 쌀을 이는 데 쓰는 도구. 가는 대오리를 엮어 만들었으
며 긴 자루가 달렸다.

❻ (   ) : 물동이나 짐을 머리에 일 때 받치는 둥근 고리 모양의
물건.

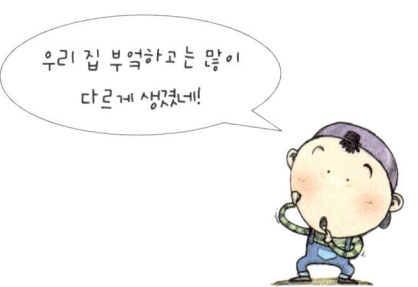

우리 집 부엌하고는 많이
다르게 생겼네!

부엌에서 쓰는 도구

개수통 설거지통.

시루 바닥에 구멍이 뚫린 그릇. 떡을 만들거나 콩나물을 기를 때 써요.

이남박 바가지의 하나로, 안쪽에 여러 줄의 골이 파여 있어서 쌀을 씻을 때 돌을 골라내기 좋아요.

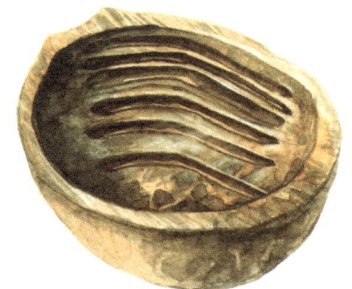

이남박

함지박 수확한 곡식을 담는 그릇. 양념을 버무리거나 반죽할 때도 써요.

자배기 바닥보다 아가리가 넓은 그릇. 채소를 씻어 절이거나 김치 양념을 버무릴 때 써요.

옹배기 자배기보다 오목하고 깊은 그릇.

소래기 장독의 뚜껑이나 그릇으로 쓰이는 굽이 없는 질그릇. 채소를 담거나 씻을 때, 떡쌀을 물에 불릴 때 써요.

소쿠리, 광주리, 바구니 대나무나 싸리, 버들로 짠 그릇. 음식을 말리거나 음식 재료를 담아요.

채반 음식이나 곡식을 넓게 펴서 말리거나, 부침 따위의 뜨거운 음식을 식힐 때 쓰는 그릇.

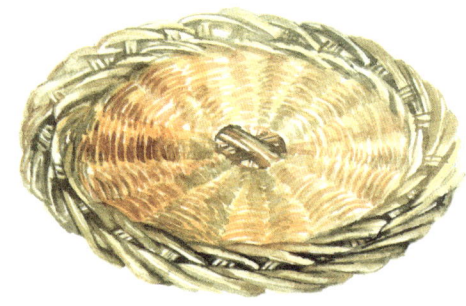

채반

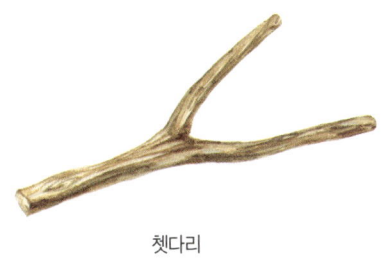
쳇다리

쳇다리 국물이 있는 것을 체에 거를 때, 받는 그릇 위에 걸치는 도구.

석작, 동구리 석작은 대나무로, 동구리는 버들로 엮은 상자예요. 강정이나 유과를 담지요.

목판 떡이나 과일을 담는 나무 그릇.

조리 쌀을 일 때 쓰는 기구. 복조리라고도 하지요.

국자 국물이 있는 음식을 떠서 다른 그릇에 옮길 때 써요.

주걱 밥이나 떡 등을 다른 그릇에 퍼 담을 때 써요.

표주박 작은 박을 반으로 쪼개어 만든 바가지로, 물을 떠 마실 때 써요.

체 가루를 내릴 때 쓰는 도구. 쳇불 구멍이 큰 것과 작은 것이 있어요.

맷돌 마른 곡식이나 불린 곡식을 곱게 갈 때 쓰는 도구.

절구와 절굿공이 곡식을 찧거나 빻는 데 쓰는 도구.

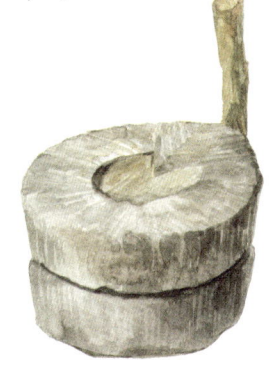
맷돌

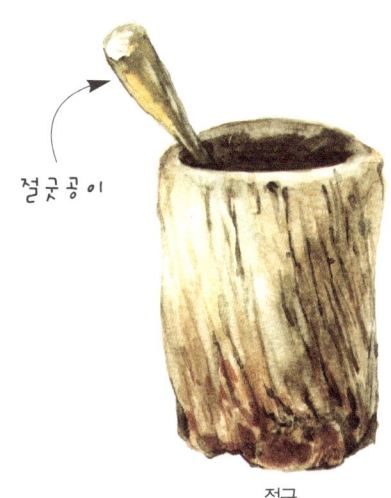
절굿공이

절구

특별한 날에 필요한 도구

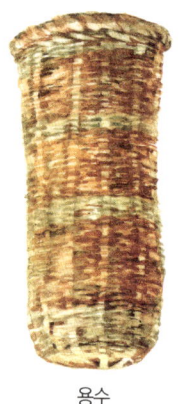

용수

용수 술을 거를 때 쓰는 도구.

소줏고리 술을 끓여 증발한 알코올 성분을 식혀서 흘러 내리게 하는 도구.

떡판과 안반 치는 떡을 만들거나 기름을 짤 때 써요.

병기 제사상에 놓는 굽이 낮은 그릇. 정사각형이나 직사각형 모양의 떡을 담아요.

평접시 제사 때 물고기, 고기, 포, 적 등을 놓는 그릇. 가장 많이 쓰는 제기예요.

조왕단지 부엌을 지켜 주는 신으로, 특히 재산을 맡아 보호해 준다고 믿었어요.

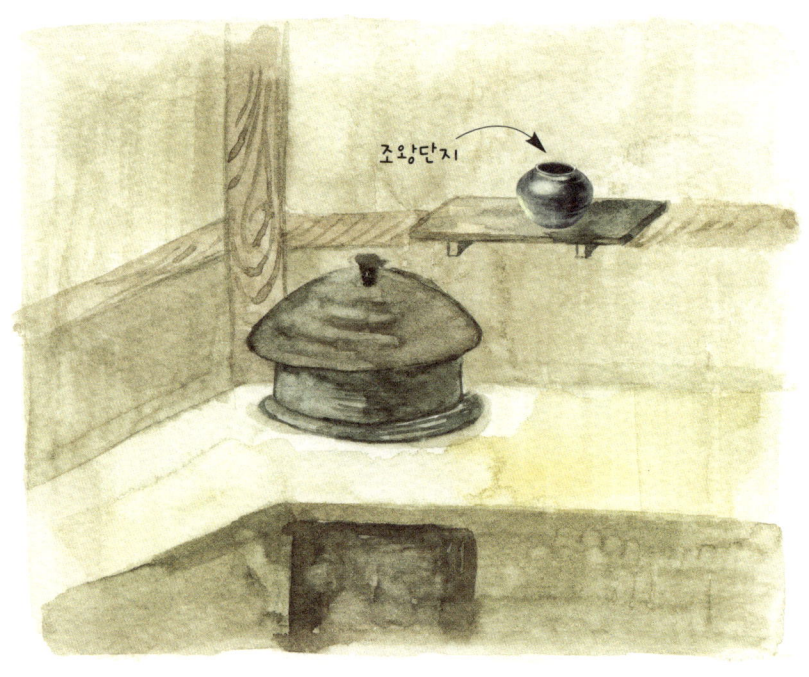

조왕단지

보잘것없어 보이지만 꼭 필요한 물건

불씨통 불씨를 담아 보관하는 통. 불씨는 집 안의 재물운과 복을 지켜 준다고 믿었기 때문에 잘 간직해야 했어요.

등잔 기름을 담아 등불을 켜는 데 쓰는 그릇. 등불을 켤 때는 참기름·아주까리 기름·콩기름 등을 사용했어요.

부지깽이 아궁이에 불이 잘 일어나도록 땔감을 밀어 넣을 때 쓰는 도구.

숫돌 부엌에서 쓰는 칼이 잘 들지 않을 때 날이 잘 서도록 가는 도구.

말·되·홉 곡식의 양을 재는 도구. 열 홉이면 한 되, 열 되면 한 말이에요.

손풀무 아궁이에 불을 지필 때 바람을 일으키는 도구.

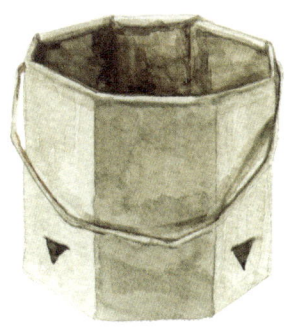

불씨통

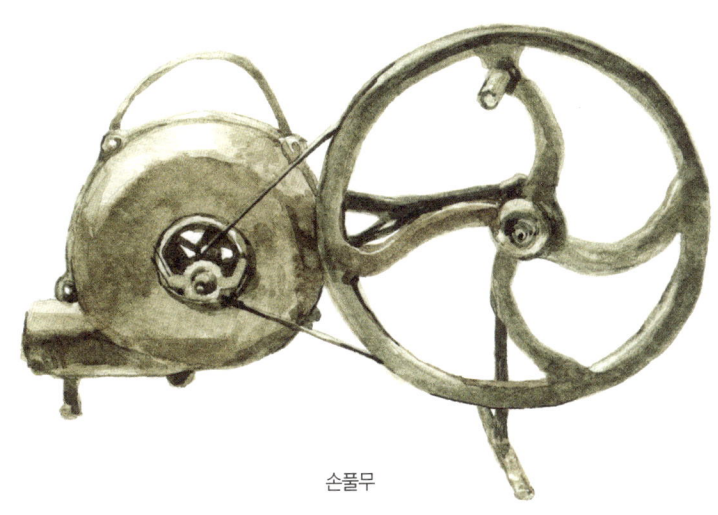

손풀무

알쏭달쏭 십자말풀이

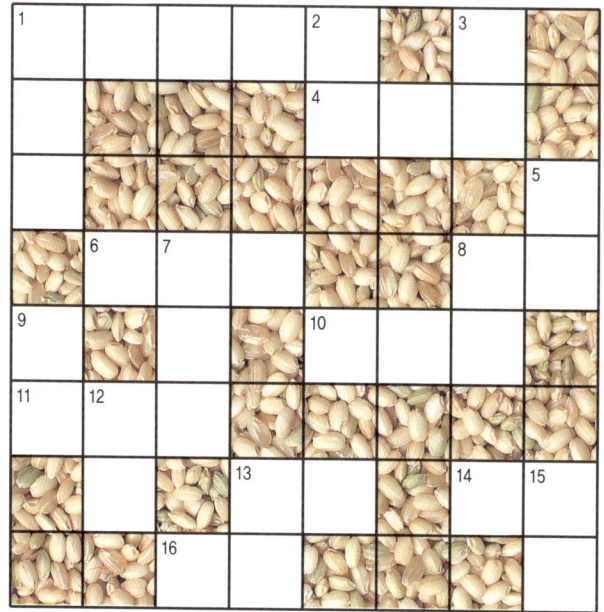

가로 열쇠

1. 태어나서 10살이 될 때까지 생일에 나이 수대로 먹는 경단.
4. 찹쌀·기장·찰수수·검정콩·팥으로 지은 밥. 정월 대보름에 먹어요.
6. 김치를 발효시키는 균으로 우리 몸을 튼튼하게 해요.
8. 배·유자·석류·잣 등을 물에 띄워 넣어 시원하게 먹어요.
10. 음력 9월 9일에 해 먹는 떡으로, 국화꽃으로 만들어요.
11. 콩을 물에 담가 싹을 틔워 길러요. 국을 끓이거나 반찬으로 만들어 먹지요.
13. 곡식을 찧거나 빻는 데 쓰는 도구.
14. 콩을 맷돌에 갈아 국물을 내어 응고시킨 것. 말랑말랑해요.
16. 반죽한 쌀가루를 반달 모양으로 빚는 떡. 추석에 먹어요.

세로 열쇠

1. 궁중에서 왕이 받는 상을 이렇게 불러요.
2. 수리취떡을 만들어 먹고 창포물에 머리를 감는 날.
3. 정월대보름에 먹는, 까마귀처럼 검은 밥.
5. 김치는 지→침채→○○→짐치→김치 순으로 이름이 변했어요.
7. 산에 나는 나물. 스님들의 중요한 반찬이에요.
8. 지지는 떡의 하나로 익반죽한 찹쌀가루에 꽃잎을 놓아 만들어요.
9. 메주나 두부를 만들 때 쓰는 콩.
12. 떡에 놓는 이 무늬는 봄, 기쁨, 그리고 남성을 상징해요.
13. 큰 행사가 있을 때 만드는 떡으로, 길게 뽑아 떡살로 무늬를 찍어요.
15. 대보름 이른 아침, 한 해 동안 부스럼이 나지 않게 해 달라고 빌면서 깨물어요.